中学校数学サポートBOOKS

どの生徒にもやさしい
数学授業の
ユニバーサル
デザイン

下村　治 [著]

明治図書

はじめに

　昔から，授業の職人のような教師がいます。数学が得意な生徒だけでなく，苦手な生徒の関心まで引きつけてしまう魅力的な授業は，経験の浅い教師にとって大きな目標になります。

　よく，この職人技のような授業技術を"盗みとれ"と言われますが，実際にはそれほど簡単なことではありません。それらは当の本人も経験と勘で行っていることが多く，なかなか理屈では説明しにくいものです。しかし，特別支援教育の視点から，生徒の発達と授業づくりについて考えてみると，それらの多くが理に適っていることに気がつきます。

　もとより，「こうすれば必ずうまくいく」というような魔法の授業技術などは存在しません。だからこそ，一人ひとりの生徒をしっかりと観察し，目的をもった授業づくりをすることが大切になってきます。周囲の生徒が主体的に学べる環境が整っていなければ，支援の必要な生徒をケアする余裕はもてません。

　「どの生徒にもやさしい授業」というのは，生徒一人ひとりがそれぞれに目的意識をもって学びに参加できるような環境が整っているということだと考えます。だれにでもわかる，だれにでもできる，ということの解釈を誤り，安易に授業のレベルを下げてしまっては，教科教育の責任が果たせません。質の高い授業を行うためにこそ，ユニバーサルデザインを取り入れていく必要があります。

　流行にのって，形だけユニバーサルデザインを真似するのではなく，今，目の前にいる生徒たちに，数学の授業を通してどのような力をつけたいのか，どのように育ってほしいのかを考えながら本書をお読みいただきたいと思います。単に数学ができる，わかるにとどまらず，生徒の社会的スキルにつながるような授業づくりを，本書を通して支援できれば幸いです。

2015年5月

下村　治

Contents

もくじ

はじめに

Chapter 1
ユニバーサルデザインと個に対する支援でつくる授業

1　ユニバーサルデザインの授業づくり……………………8
2　個に対する支援……………………14

Chapter 2
まずはここから！　数学授業のユニバーサルデザインのポイント

1　板書のポイント……………………22
2　ノート指導のポイント……………………26
3　学習プリント作成のポイント……………………32
4　テスト作成のポイント……………………36

Chapter 3
気になる生徒も巻き込む！
全員参加の授業づくりの工夫

1. 「解ける」より「参加できる」導入 ……… 42
2. 教科書を教える授業づくり ……… 46
3. 学習のスモールステップ化 ……… 52
4. 「わかった」を実感できる確認 ……… 58
5. 質問しやすい環境づくり ……… 60
6. 机間巡視, 机間支援, 机間指導 ……… 64
7. グループ学習の特長の生かし方 ……… 68
8. 少人数授業の特長の生かし方 ……… 72

Chapter 4
気になる生徒のために！
個への支援の工夫

1. 言葉の処理を間違えやすい生徒への支援の工夫 ……… 76
2. 多動傾向の生徒への支援の工夫 ……… 82
3. 継次処理が苦手な生徒への支援の工夫 ……… 84
4. 実行機能が弱い生徒への支援の工夫 ……… 90
5. 見る力が弱い生徒への支援の工夫 ……… 94
6. プランニングに課題のある生徒への支援の工夫 ……… 98
7. 選べない生徒への支援の工夫 ……… 104
8. 計算が合わない生徒への支援の工夫 ……… 106
9. 作図につまずく生徒への支援の工夫 ……… 110

Chapter 5
ちょっと待った！
授業の"当たり前"に潜む落とし穴

1　文房具をそろえる……………………………………114
2　問題解決型の授業の組み立て………………………118
3　多様性への配慮………………………………………122
4　学習の転移……………………………………………126
5　言語活動の充実………………………………………130

Column

10分間で150文字………………………………………………40
授業が上手な教師は生徒指導も上手…………………………74
他教科と足並みをそろえることの意義………………………112

Chapter 1
ユニバーサルデザインと個に対する支援でつくる授業

Chapter 1
ユニバーサルデザインと
個に対する支援でつくる授業

1 ユニバーサルデザインの授業づくり

❶ 2つのユニバーサルデザイン

　「ユニバーサルデザイン」は，もともと建築分野の用語でした。年齢や性別に関係なく，身体的な特徴にも左右されず，取り扱いが安全で易しい，だれにでも使いやすい製品をつくろうという概念です。間違いやすいものに，「バリアフリー」という概念がありますが，これは，特定のハンディキャップをもった人への対応です。これらはまったく別のものというわけではないのですが，**ユニバーサルデザインはハンディキャップの有無にかかわらず，多くの人にとって便利なもの**を志向しています。

バリアフリー → 特定のハンディキャップをもった人への対応

ユニバーサルデザイン → ハンディキャップの有無にかかわらず多くの人にとって便利なもの

　この言葉を教育の中に取り入れる動きが国内外で活発化しています。文部科学省の調査では，**6.5%の割合で通常学級に学習面や行動面で特に困難を示す児童生徒が存在する可能性**が示されました。したがって，この程度の割合の生徒が通常学級で困っている，という前提で授業を行うことが学校に求

められています。通常学級におけるユニバーサルデザインとは，そのような生徒を含めて，だれにでも学びやすい授業をするための試み，ととらえるとよいでしょう。

　学習につまずいた生徒に対し，実態を把握し，原因を突き止め，適切な対応をとることも大切ですが，つまずきや困難が顕著に出てくる前に，できるだけ早い段階で予防的に対応できたらもっとよいでしょう。

　顕在化していないものへの予防的な対応には，ベテラン教師の経験と勘が生かされることが多いでしょう。しかし，若い教師が増えている現在，これから説明するユニバーサルデザインの視点をもった学習指導が貴重な手がかりになります。

　最近，現場の研究会では，「ユニバーサルデザインの…」という実践報告を数多く目にします。しっかりとした理論に基づいた建設的な実践研究を見ると，「授業はこうすればわかりやすくなるはずだ」と感じられます。これらの実践報告には，大きく分けて，2種類のユニバーサルデザインの視点が存在します。

　1つめは，**ユニバーサルデザインを「授業づくりのための考え方，もしくは理念」として取り入れる視点**です。これは，生徒の学び方が多種多様であるということを大前提にして，あらかじめその多様性に対応できるような学習方法，学習指導方法，教材，さらには評価方法に至るまで，多くの選択肢を用意していこうとするものです。つまり，学ぶ環境全般を，どんな生徒がいても大丈夫なようにつくり上げようとしているわけです。

　2つめは，**ユニバーサルデザインを「授業づくりのための具体的な手法」として取り入れる視点**です。特に小学校での実践報告に，この立場が多いようです。これらの実践報告には，視覚化，スモールステップ化，構造化といった言葉がキーワードとしてよく出てきます。日本で発展し始めた実践ですので，一般的な学校現場ではスムーズに取り入れられるはずです。

　本書では，そのどちらが優れているのかといった比較を論じるわけではありません。この研究分野は，まだ実践の途上であり，優良事例を収集してい

る段階です。この段階では，有効性を信用しつつ実践し，効果を検証すると同時に，限界も整理していかなければなりません。

　どんなによい実践にも効果と限界があり，それを知ることでより適切な場面で活用することができます。ただ流行にのるのではなく，よい考え方や手法を，目的をもって使えるようにしたいものです。

❷ 学びのユニバーサルデザイン（UDL）

　「学びのユニバーサルデザイン（UDL：Universal Design for Learning）」は，アメリカのCAST（Center for Applied Special Technology）が中心となって提唱しているもので，**「提示に関する多様な方法の提供」「行動と表出に関する多様な方法の提供」「取り組みに関する多様な方法の提供」**という3つの原則から成り立っています。この原則に基づいて教師は生徒の学びをサポートします。

　生徒は様々な方法で提示されている課題に自分の学び方に合った方法を選んで取り組み，その学習の成果は適切な方法で評価されます。これは，支援の必要な生徒だけでなく，すべての生徒が必要に応じて利用可能なため，学年，教科，身体的特徴などの条件に左右されず，理想的な考え方と言えます。

実現できれば，すべての生徒の関心・意欲・態度を向上させ，知識や技能を身に付けさせられるでしょう。

　UDLの原則に基づいて教師が授業をつくるうえで重要なことは，**いかに生徒の学びの多様性を理解し，起こりうる困難を想定できるか**ということです。教師には，多様性に対応するための柔軟性が求められます。伝統的な指導法のみに固執したり，前例にとらわれたりすると，UDLの考え方を実践する妨げになるかもしれません。一斉授業に対する公平性についての検討が必要になることもあるでしょう。

　このような授業づくりのヒントとして，UDLは「Option（複数の方法）」「Alternatives（代替手段）」「Scaffolding（段階的支援）」「Customize（調節可能）」という4つのキーワードを挙げています。

　「Option」とは，**学習の過程で予想されるつまずきに備えて，複数の手段を用意すること**です。例えば，視覚入力が得意な生徒にも，聴覚入力が得意な生徒にも同じように内容が認知できる方法で提示すること，理解内容を評価するのに筆記のみに頼らず，口頭での方法を用意することなど，目的の達成，評価を優先して考えることがこれにあたります。

　「Alternatives」では，**学習活動や評価の目的を変えない範囲で代替手段を活用**していきます。ディスカリキュリア（算数障害）の生徒の場合，その生徒のみに電卓の使用を許可するのは，代替手段を用いたバリアフリーの考え方です。他にも計算の遅い生徒が多いとき，計算の技能そのものを学ぶ目的の時間でなければ（例えば，文章題を解いたり，統計の活用をしたりする時間），全員に電卓の使用を許可して，使いたいとき使えばよいとするのがこれにあたります。

　「Scaffolding」は，**全員が同じ到達点にたどり着くよう，支援の強弱をつける**イメージです。例えば，解答や作業の速い生徒と遅い生徒が混在し，放っておくと学習進度に大きな差が出そうな場面でヒントを出し，まだ通過していない生徒の思考や作業段階を一定のところにそろえるように引き上げることが考えられます。

「Customize」は，**目的や手段を個々に設定して，それぞれの課題の持続をサポートする**ことと考えるとよいでしょう。例えば，ワークブックなどで演習するとき，同じ単元の中でも難易度が分かれていますから，全員が一律同じ分量をやるということではなく，到達目標に合った問題を解くなどがこれにあたります。得意ならば得意なりに，苦手でも苦手なりに各生徒がしている努力の程度を評価したいときなど，適切なCustomizeがなされていると，意欲が評価に反映されやすいといえます。

UDLの考え方に基づいた授業づくりのヒント

Option 複数の方法	Alternatives 代替手段	Scaffolding 段階的支援	Customaize 調節可能
学習の過程で予想されるつまずきに備えて，複数の手段を用意する。	学習活動や評価の目的を変えない範囲で代替手段を活用する。	全員が同じ到達点にたどり着くよう，支援の強弱をつける。	目的や手段を個々に設定して，それぞれの課題の持続をサポートする。
例） 理解内容を評価するのに筆記のみに頼らず，口頭での方法を用意する。	例） 算数障害の生徒を含め，だれにでも電卓の使用を許可する。	例） 放っておくと学習進度に大きな差が出そうな場面でヒントを出す。	例） ワークブックなどで到達目標に合った問題を解かせる。

※ CAST（2011）Universal Design for Learning guidelines version 2.0（キャスト（2011）バーンズ亀山静子・金子晴恵（訳）「学びのユニバーサルデザイン・ガイドライン ver.2.0. 2011/05/10　翻訳版」）を参考にして作成

❸ 授業のユニバーサルデザイン（授業のUD）

　授業のユニバーサルデザイン研究会が提唱している「授業のUD化モデル」では，生徒の授業への取り組み具合をピラミッド型の4つの階層で示しており，すべての生徒を，1つでも上の階層に上げるような授業を目指します。

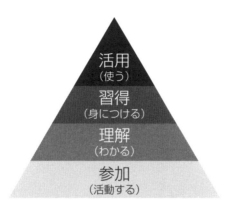

※授業のユニバーサルデザイン研究会ホームページ「授業のUD化モデル（2012年度版）」を基に作成
http://www.udjapan.org/20121127udmodel.pdf

　また，階層を上がっていけるように授業をデザインするための**「クラス内の理解促進」「ルールの明確化」「刺激量の調整」「場の構造化」「時間の構造化」「焦点化」「展開の構造化」「スモールステップ化」「視覚化」「身体性の活用（動作化・作業化）」「共有化」「スパイラル化」「適用化」「機能化」という14のキーワード**が示されています（本書で具体的な事例を紹介するときにも何度か出てくることになります）。様々な実践報告を概観すると，この中でも，「焦点化」「視覚化」「共有化」が特に意識されているようです。

　また，授業のUD化は，**「指導の工夫」「個別の配慮」「個に特化した指導」の三段構え**で実施されるべきとも説明されています。授業の工夫だけでは限界があるので，個別の配慮をしながら生徒を授業から切り離さないようにし，個に特化した指導はその後に行われるべきもの，という位置づけです。

Chapter 1 ユニバーサルデザインと個に対する支援でつくる授業

2 個に対する支援

❶ 診断名にとらわれずに個を見ることの大切さ

　2014年1月，日本も「障害者の権利に関する条約」を批准しました。これにより，合理的な配慮が教育の現場でも求められています。特別支援教育という言葉が小中学校の現場にも定着し，通常の学級にも支援の必要な生徒がいるということをすべての教師が認識している今日，その具体的な支援の方法の確立が望まれています。

　障害があっても，合理的な配慮があれば生徒たちの学びの質は高まり，生きる力が育っていきます。しかし，実際には，**生徒にどのような障害の特性があり，どういうことに困っているのかを教師が見極めるのは難しい**ことです。

　また，自分の受けもっている生徒の中に，LD（限局性学習症）やADHD（注意欠如多動性障害）といった診断名がついている生徒がまったくいない場合もあるかもしれません。しかしそれは，その地域に発達障害に関する診断ができる医師がいないからなのかもしれませんし，本来であれば医療的対応が必要なのに生徒やその保護者がそれを拒んでいるからなのかもしれません。このような環境では，支援の必要性を教師が感じとることは一層難しくなります。

　したがって，本書では，診断の有無を問うことは原則としてしません（筆者は，そもそも医療的なカテゴリーによって教育的な指導方法が確定するということはまずないと考えています）。ただ，医学や心理学を背景にした研究は，学習指導上価値あるヒントを与えてくれます。実際，障害特性に応じ

た指導によって飛躍的に成長した生徒はたくさんいます。筆者も含めて，教師たちには，教科教育という狭い枠に縛られることなく，このような知見を活用して授業をつくる努力が必要でしょう。

障害のある生徒にはもちろん，その他多くの生徒にとって学びやすい環境を整えたうえで，個別の配慮を行い，必要があれば個に特化した指導を取り入れましょう。

❷「個別の配慮」と「個に特化した指導」

特別支援教育を，はじめから個別指導と考えてしまうのは間違いです。授業についていけない生徒や，一斉授業での負担に耐えられない生徒を別室で対応するような「個に特化した指導」は，支援の最終手段です。

まずは，授業で多くの生徒が有意義な時間を過ごせるような工夫を行うべきです。ただ，ある生徒については，その授業がスムーズに受け入れられるように，特別な配慮を施す必要があるかもしれません。これが，「個別の配慮」です。これで済むならば，生徒を取り出したり，放課後残したりする必要はなくなります。

では，どのような配慮をすればよいのか，という点については，一概に言えるものではありません。生徒の状態や置かれた環境，授業の目的などによって左右されます。ただ，医学や心理学の知見を少しでも知っていると，生徒を見るときの着眼点がわかり，支援の必要性に気づきやすくなります。また，支援方法のレパートリーが増え，しかも，よりその生徒の特性に合ったものが選択できる可能性が広がります。

❸ 実態把握のポイント

個別の配慮を行うためには，まずは実態把握が必要です。**単に何ができるかできないかだけではなく，日常の生活などから本人の特性を導き出す**の

です。

　中学生ほどの年齢になると，それまでの成長の過程で，環境の要求に適応できるような一人ひとり違った固有の認知・行動スタイルが形成されています。特に**発達に偏りがあって支援の必要な生徒は，障害に起因する困難に対応するため，独自のスタイルが獲得されており，特定の認知特性に依存している可能性がある**のです。そうなると，教師がよかれと思って行う働きかけや配慮に対しても，自分に合わないと思うと無視したり，避けたりといった行動をとりがちです。結果的に失敗経験が多くなり，苦手な活動にはしばしば感情的な抵抗を示すこともあるでしょう。

　だれにでも，得意なこと，不得意なことがあり，年齢が上がるにつれてその様相が顕著になります。特に，**発達の偏りが極端な場合は，生徒の認知特性の強みを確認して，支援すべき事柄を見極めることが大切**です。

　そこで，支援の必要性を考えるために，日常的に着目しておきたい観点をあげてみます。

> **1　言語機能**
> 構音（発音の操作）が不明瞭でないか，発話は流暢か，言い間違いはないか，言語理解に困難さがないか，書字・読字に困難さはないか，計算に困難さはないか
>
> **2　感覚機能**
> 視覚・聴覚・触覚などに異常がないか，位置関係・方向性・距離感など物体や空間の関係が知覚できているか
>
> **3　運動機能**
> 粗大運動・微細運動が調整されているか，道具がうまく使えるか，道具の選択に誤りがないか

4　記憶機能
記憶の記銘（新しい経験を受け入れ，覚え込むこと）や想起に困難がないか，記憶に誤りがないか，適切なタイミングで想起されるか，記憶に混乱がないか

5　注意機能
注意が散漫ではないか，注目すべきところに注意を向けられるか，特定のものに注意が固着していないか，注意の対象の切り替えがスムーズか，注意をバランスよく配分できるか

6　その他
段取りよく行動できるか，行動の見通しの悪さがないか，行動の修正・切り替えがスムーズか，行動の効率の悪さはないか，定型的な行動が多くないか，感情が自然に出るか，感情の偏りはないか，興味・関心の範囲が狭くないか，感情が変わりやすくないか，概念形成・カテゴリーの形成に困難さがないか，想像力・推理力に困難さがないか，判断力に誤りや遅れがないか，柔軟に考えることができるか

　専門的な検査で測定することもありますが，教師の日常の観察によっても比較的把握しやすい特徴をあげておきました。一般的な生徒と比べて著しい偏りがある場合は，専門機関に相談する必要性も出てきますが，多少の偏りの場合，学校での配慮によって不自由なく学習に参加できることも多いはずです。

❹ 知っておきたい特性

　学習や行動に問題のある生徒が，医療機関で発達障害の診断を受けてくると，安心する教師がときどきいます。「その子を上手に指導できていなかっ

たのは自分のせいではない，障害があったからだ」と解釈するからです。

　ここだけ切り取ると，ひどい話に聞こえます。しかし，障害に対する知識を教師がすべてもち合せているわけではありません。むしろ，最近になってわかってきた障害特性を，教師がすべて知っていなければならないというのは無理があります。

　いずれにしても，適切な対応ができるよう，代表的な障害特性については教師も知っておきたいものです。特に，**ASD，ADHD，LDの3つの特性を知っていることで視野は大きく広がる**ので，ここではこれらの3つの特性を簡単に説明しておきます。

（診断名がつくということは，その生徒があるカテゴリーの中に押し込められてしまうことではありません。発達障害は生まれつきの「特性」であり，「病気」とは異なりますから，治療する云々という話ではありません）

1　自閉症スペクトラム障害（ASD：Autistic Spectrum Disorder）

自閉症，アスペルガー症候群，その他広汎性発達障害が含まれ，症状によっていくつかの診断名に分類されますが，本質的には1つの障害だとして，スペクトラム（連続体）という言葉がつけられています。「コミュニケーションの障害」「対人関係・社会性の障害」「パターン化した行動，興味・関心の偏り」の3つの特徴が表れます。

中学生ぐらいの思春期になると，自分と他の人の違いに気づき，対人関係がうまくいかないことに悩んで，不安から不登校になることもありますし，能力の凸凹をうまく活用して，社会で活用できるようになることも大いに期待できます。

個別や小集団でコミュニケーション面の発達を促すことで，適応力が身につきますし，経験を積み重ねることで，新しい場面に対する不安が減り，活動意欲を高めることができます。言葉によるコミュニケーションよりも，視覚的な手がかりを増やすことで，気持ちも安定し，パニックを起こさずに済むことがあります。

2 注意欠如多動性障害（ADHD：attention deficit hyperactivity disorder）

「集中できない（不注意）」「落ち着きがない（多動・多弁）」「考えるよりも先に動いてしまう（衝動的な行動）」などの特徴が1つあるいは複数表れます。これらの様子が目立つのは小中学生のころですが，だんだん目立たなくなることもあると言われています。

不注意の症状として，計算ミスなどのうっかりが多い，課題に集中して取り組むことができない，人の話を聞いていないように見える，課題を最後までやり遂げられない，段取りや整理整頓が下手，忘れ物や紛失が多い，などがあります。

多動・多弁あるいは衝動性の症状としては，離席してしまう，座っていたとしても手足をモジモジする，おしゃべりが多い，順番を待てずに割り込む，といった様子です。

本人の好きな漫画やテレビから離れるなど，集中を妨げる刺激を，できるだけ少なくする環境調整が必要です。また，集中すべき時間は短めに設定したり，休憩の時間をあらかじめ決めておいたりすることが有効と言われています。また，一度の課題の分量を減らすスモールステップ法も効果的です。

3 限局性学習症（LD：Learning Disability）

全般的な知的発達には問題がないのに，聞くこと，話すこと，読むこと，書くこと，計算すること，推論することのうち特定の分野だけが著しく困難な状態です。

例えば，書くことに困難があると，日常的なコミュニケーションはスムーズなのに，テストやレポートなど，書くことを伴う課題だけができなくなります。「やればできるはずだ，もっとがんばれ」などと言って，本人を追いつめてしまうと，結果的には学習意欲を失い，自己肯定感を下げてしまいますので，学校生活が破たんしてしまうことになります。保護者と学校が本人の困難さを理解し，生徒がサボってい

るという見方ではなく，適切な支援方法を共有していく必要があります。LDのことを，あえて"Learning Differences"と表現する専門家もいるように，学べないのではなく，学び方や認知の仕方が違うだけだとも言われています。「教師の教え方で学べない子には，その子の学び方で教えよう」という有名なフレーズがありますが，我々教師の引き出しの多さ，指導力の幅広さを問われることになります。

したがって，長期的に見れば，対象の生徒を適切な指導法でわかるように教える必要がありますし，短期的には，その場の学習を理解させるために，学習の本質にかかわらない計算部分を電卓で進める等の代替手段を施すことが必要です。

❺ 「障害があるからできない」などと決めつけない

　前項のような診断を受けた生徒が，実際に通常の学級に在籍しています。また，医療機関にかかっていないだけで，本来は支援や配慮が必要な生徒もいます。最近，校内研修のテーマに発達障害が取り上げられることも多くなってきており，教師の理解もだいぶ進んできました。

　しかし，診断名だけを独り歩きさせないように教師は注意しなければなりません。教師に知識がついてくると，

　「あの生徒はADHDっぽいね」

などと無責任な会話がなされがちで，こういったことは慎まなければなりません。診断を行うのはあくまでも医師であり，教師が勝手な判断や思い込みで話してよいことではありません。**教師は，学習や生活上の適切な支援や配慮を行うために障害特性を知っていることが大切**です。

　「障害があるからできない」と決めつけるのではなく，その生徒が障害を苦にせずに，自然と学習に取り組めるようなしかけをつくることが，学習指導におけるユニバーサルデザインであると思います。

Chapter 2
まずはここから！　数学授業の
ユニバーサルデザインのポイント

Chapter 2 まずはここから！ 数学授業の
ユニバーサルデザインのポイント

1 板書のポイント

　教師の授業スキルとして，板書は非常に重要なものです。最近は，従来のチョークと黒板による板書ではなく，ICTの活用についての授業研究も進み，パソコンと電子黒板を組み合わせるなどの工夫を加える教師も少なくありません。

❶ 板書の目的

　まず，板書の目的を確認します。以下の目的を意識した板書を心がけると，わかりやすい授業につながります。

> ●授業の流れを示し，現在の進行状況を確認する
> ●課題の遂行に必要な情報を提示する
> ●他者の思考を共有できるようにする
> ●授業のポイントを強調する

　他にもあるかもしれませんが，これらはすべて「生徒にわかりやすく伝えること」がポイントであって，教師が自分だけわかっているというのでは困ります。様々な特性をもった生徒が存在する教室で，全員に必要な情報が正しく行きわたるような板書が求められます。

❷ 板書のポイント

　数学という教科の特性上，視覚に頼る場面が数多く出てきます。図形の問

題では，辺の長さや角の大きさを書き込んで提示します。グラフは，視覚情報の最たるものです。また，問題の解説では，板書と口頭説明が同時進行することも多いでしょう。

そういったことを踏まえて，板書のポイントを押さえていきます。

① 授業の進行状況の提示

授業中，教師の指示を聞きもらしたり，活動に遅れをとったりする生徒にいちいち対応しては，授業の進行の妨げになってしまいます。しかし，そういった生徒は必ずいると考えておくべきです。普段はよくできている生徒でも，その日の体調によって思うような活動ができず，遅れをとってしまうような場合もあるかもしれません。

今何をしているのか，次に何をすればよいのか，といった進行状況やその後の見通しが，黒板を見ればわかる状態になっていると，活動に遅れをとってしまった生徒でも，わざわざ質問することなく活動を継続していくことができます。特に，**手間のかかる作業では，口頭指示を聞いたときにはわかったつもりになっていても，作業を継続していると途中でわからなくなる**ことがあります。そんなときに，手順が黒板に示されていることで，迷わず作業が継続できることになります。

教科書のページや問題番号を書いたり，終わった生徒が次に解くべきワークブックの問題番号を書いておくといったことは，多くの教師がほとんど無意識のうちにやっていることですが，実はとても大切なことです。

② レイアウトの統一

できれば，**年間を通して統一したレイアウト**で板書すると，生徒としてはノートがとりやすくなります。

例えば，本時のめあてを中央上部，問題を左上，まとめは右下といった要

領です。授業の冒頭で，めあて（今日の授業ではこれができるとよいという規準）を書き，授業中常に確認しながら進めると，多少脇道にそれたとしても，目的を見失うことなく授業が進行できます。途中，共有化したい課題解決の方法を確認して板書し，最後はめあてに沿ったまとめ（課題解決の方法がそのまままとめになることもあります）で締めくくります。

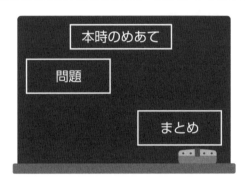

授業の終わった後の黒板を，通りがかった他教科の教師が見たとき，どんな内容の授業が，どんな順に行われたのか想像できるようであれば理想的です。そのような板書であれば，そのまま写すだけでもしっかりした骨格のノートができ上がり，テスト前などに復習する際にも，学習の要点がすぐにわかります。

③ 視覚的な弱さのある生徒への配慮

　学級内には数人，色覚に異常のある生徒が含まれる可能性があり，この生徒たちは色チョーク（白，黄以外）の識別が困難です。そうでなくても，一般的に，黒板に対して赤，青，緑のチョークは見えにくいものです。これらは枠囲みなど，白文字の強調のために使うことにとどめた方がよいでしょう。
　授業の工夫としては，見えにくさを逆手に取った使い方も考えられます。
　例えば，点が移動したり，図形が変形したりする問題があります。移動途中の図形はイメージするのが難しいので，何とか視覚化してみたいところで

すが，1色で板書すると，図形が交錯し，よりわかりにくくなります。

そこで，**もともと問題に提示されていた図や，移動の途中経過の図を赤や青など見えにくい色でかいておき，移動後の図を白や黄色などの目立つ色でかくのです**。すると，大切な部分や強調したい部分が浮かび上がって見えるようになり，認識しやすくなります。

④ 聴覚優位や言語性の強い生徒への配慮

視覚優位（目から入った情報が頭に残りやすい）の生徒は，図や表があることで理解が促進されます。一方で，聴覚優位（耳から入った情報が頭に残りやすい）や言語性の強い（言語への依存度が高い）生徒は，言葉を添えた説明があると理解が促進されます。

例えば，作図の授業で，教師ならコンパスの跡を見ると後からでも手順がだいたいわかります。しかし，理解の不十分な生徒には，コンパスの跡だけでは手順まではわかりません。**そこで，作図の手順通りに番号を振っておくだけでもわかりやすさが違います。番号に合わせて，作図の方法を言葉や文章で説明する**ことも非常に有効です。

ただし，板書の量が増えてしまうと今度は写しきれない生徒が出てきます。そういった恐れがある場合は，「枠囲みのところだけを写しなさい」といった，筆記の絶対量を減らす指示を添えるなどの配慮をしておくとよいでしょう。

⑤ 質問できない生徒への配慮

生徒には板書を黙って写してほしいわけですが，「それ何て読むの？」「その漢字よくわかんない」といった突発的な質問もあります。しかし，そのような**質問を発することすらできず，黙って困っている生徒もいる**のです。必要に応じてルビを振ったり，入り組んだ漢字は別に拡大して書いたりするなどの配慮は，教師が先回りして考えておきたいものです。

Chapter 2 まずはここから！ 数学授業の
ユニバーサルデザインのポイント

2 ノート指導のポイント

　ノートやワークブックを回収し評価の対象にしている教師は多いようですが，評価する前にまず指導をする必要があります。しかし，ノートは何のためにあるのかを，教師自身が明確にしておかないと指導できません。

❶「きちんと」ってどういうこと？

　「ノートをきちんととりましょう」
　「ワークをきちんとやっておくこと」
などと教師はよく言いますが，そのように言うとき，「きちんと」が具体的にどういうことを指すのかはっきりしているでしょうか。
　他に「ちゃんと」「しっかり」といった言葉もありますが，いずれも生徒によって受け取り方に微妙な違いが生じることは避けられず，教師の意図が生徒に正確に伝わるとは限りません。
　中学生の感覚としては，「きちんと」と言えば「教師が板書をしたことをもれなく書き留めること」といったところでしょう。一方，教師にとっての「きちんと」のレベルはもっと高いところに設定されていたりします。
　例えば，授業中の机間指導で，生徒自身の考えをノートに整理して書いてほしいと教師が思って，
　「きちんとノートに書こう」
と言っても，生徒は板書の書きもらしを咎められたと勘違いして，とりあえず全部写そうとするかもしれません。

❷ ノートを見栄えで評価しない

 生徒のノートを見栄えだけで評価していないでしょうか。見やすく書いてあることももちろん大切ですが，より重要なのは書いてある内容です。
 ノートを提出させ，評価の対象物として扱うような場合，**教師が見栄えだけで評価する姿勢だと，生徒も必要以上に見た目のきれいさにこだわったノートをつくったりするようになる**ことがあります。
 ノート指導とは，そうならないように，生徒に何をどのように書くべきなのかを具体的に伝えることです。特に，一人ひとりのノートの状態がどの段階にあるのかを見極めてノート指導をすることによって，よりよい学習につながります。

❸ ノートの段階

 数学の授業で使うノートを，生徒の様子から段階的に整理すると，次のようなものがあります。

> 1 問題を解くための作業スペース
> 問題文を図や表にしたり，計算したりする自由な場として使う場合です。頭に思いついたことがランダムに書き込まれ，構造化されていません。
>
> 2 備忘録的な活用
> 板書を写したところと，自分の計算などが混在しています。構造化されているとは言えないまでも，日常使っている感じのあるノートです。標準的な中学生のレベルはこのあたりでしょう。

> **3 振り返りに役立つオリジナル教科書**
> 板書内容と自分の作業スペースが構造的に区別されており，定理や公式など重要なところに枠囲みや色使いなどの工夫が見られます。テスト前の勉強などで教科書代わりに活用できる状態になっています。
>
> **4 探究心の見えるオリジナル参考書**
> 授業で扱った以外の証明をまとめてあるなど，関連事項を自分で調べていて，ノートに付加価値がついています。

❹ ノート指導のポイント

　ここからは，前項の1～4の段階ごとに，ノート指導のポイントを整理しています。

① 1の段階の生徒へのノート指導のポイント

　中学校の授業では，小学校と比べて一気に板書量が増える一方，それを書き写す時間は減ってしまいます。この段階にとどまっている生徒には，あれもこれもというのは避け，何を書くべきか優先順位をつけてあげる必要があります。
　例えば，

> 1）枠で囲んであるところ
> 2）黄色の文字が混ざっている文
> 3）教科書の問題の正しい解答の仕方

といった具合です。

次に，書くタイミングを指示する必要があります。タイミングをとることに大きな困難を抱え，特別な支援を要する生徒がいるからです。こういった生徒は，**机間指導しやすい位置に座席を配置し，「机をノックしたときは書く」といった約束を決めてタイミングを教えてあげる**と，うまく書けるようになる場合があります。

　この段階の生徒が一定数いる学級では，優先的に書きとめるべきことが認識しやすくなるような工夫も必要です。例えば，**教師が板書時に重要，暗記，宿題などのアイコンを決めておく**とノートをとりやすくなります。マグネットシートでアイコンをつくっておくと授業で簡単に使えます。

優先的に書きとめるべきことが認識しやすくなるアイコンの例

② 2の段階の生徒へのノート指導のポイント

　ノートを構造的に書くことができるよう，具体的な書き方を指導する必要があります。

- ●日付や教科書のページを書く
- ●色ペンは2色だけ使う（チョークの色との対応を示す）
- ●まとめは定規を使って枠で囲む
- ●黒板を写したものと自分で問題を解いたものの間には2行空ける

といった具合です。

ノートを見開きで使って，自分で問題を解くときは左のページ，黒板を写すのは右のページといったルールを決めておくのも効果があります。

③　3の段階の生徒へのノート指導のポイント

　この段階にある生徒は，よく取り組んでいる状況にあると言えます。しかし，関連事項を自分で調べたり，発展的な学習課題に取り組んだりするといった次の段階へ，自力でジャンプアップすることは難しい生徒も少なくありません。
　こういった生徒には，手とり足とり指導をするのではなく，きっかけを与えて，「こうすればいいんだ！」という経験を何度か積ませるとよいでしょう。例えば，「ボーナス課題」として「三平方の定理の証明を三つ調べましょう」といった，**やる気次第でいくらでも答えを探すことができるような課題を与える**という方法が考えられます。
　こういった経験をある程度積んでいけば，自分でも発展的な学習課題を発見したりすることができるようになります。

④　ノート評価のチェックリストをつくる

　ノートのチェックは教師の主観的な評価になりがちです。生徒同士が互いのノートを見比べて，評価に納得がいかないというような事態は避けなければなりません。
　そこで威力を発揮するのが，**ノートの評価項目を整理し，チェックリスト化して生徒に示しておく，**という方法です。これならば，どのようなノートをつくればよいのかということも一目瞭然です。

チェックリストの例

☑黒板を全部写している

☐色ペン（2～3色）や枠囲みを使って，内容が区別できている

☑毎時間の授業の感想が書いてある

☐自分が問題を解いた道筋（途中の計算など）が残っている

☑自分の間違いを残し，先生や友達が示した正しいやり方が書いてある

☐チャレンジ問題に取り組んでいる

Chapter 2 まずはここから！ 数学授業の
ユニバーサルデザインのポイント

3 学習プリント作成の
ポイント

　学校生活では，毎日大量のプリントが配布されます。学校からの事務的な発信文書から学年・学級だより，各教科の学習プリントに至るまで，整理するだけでも大変です。

　支援の必要な生徒のかばんの奥では，それらのプリントがシワシワになりながら混在しているようなこともしばしばあります。これでは，口頭で「忘れ物をしないように」といくら指示しても改善は期待できません。

❶ よい学習プリントとは？

　授業で配布する学習プリントには，教科書の内容を補充する課題，教科書や資料集の内容のまとめ，授業の進行をサポートするワークシート…など，様々なものがあります。

　これらの**学習プリントは，読むこと，書くこと，計算することなど，生徒の学習行為を規定し，学習の目的の達成をサポートするよう構造化されたものであるべき**です。例えば，生徒が取り組んでいく道筋がわかりやすく整備されており，目的とする学習行為に戸惑いなく取り組めるような工夫が必要です。

　このように，学習プリントは，形式上および内容上，一定の基準を満たしていなければなりません。この基準に注意してプリントを作成することで，どの生徒も学習に取り組みやすくなります。

❷ 学習プリント作成のポイント

① 教科書の意図の反映

　教科書の内容を補充したり，授業の進行をサポートしたりするプリントには，単元の導入で生徒の興味，関心を喚起する，学習内容を発展的に考えたり，深めたりする，といったように，様々な目的があります。
　学級の実態によっては，プリント学習が中心になるような場合もあるかもしれません。
　いずれにしても，内容が教師の勝手な授業展開をするためのものであったり，教科書に批判的な印象を与えるようなものであったりしてはいけません。**どの教科書にも，問題の配列から使われている数値に至るまで，作成者の意図が隠れている**ということを意識しておく必要があります。

② 紛失リスクの低減

　生徒にプリントを管理させるのが上手な教師は，プリントにひと手間加えています。
　例えば，**ノートよりひと回り小さいサイズのプリントをつくる**のもそのうちの１つです。Ａ５判（Ａ４判を半分に断裁）にしたり，Ｂ５判のプリントの端を少しカットしたりすることで，生徒が使うＢ５判のノートに貼ったとき，ノートからはみ出すことがありません。のりを忘れてしまったり，作業が遅れてその場では貼れなかったりしても，ノートからはみ出さずにはさんでおくことができれば，紛失のリスクを下げることができます。

③ 視覚的な構造化

　学習プリントを用いた授業がスムーズに進むか否かは，問題，ヒント，解説などがわかりやすく提示されているかどうかに大きくかかわります。ですから，**各項目の境目がわかりやすいよう枠囲みをする**などの工夫もあるとよいでしょう。

　また，教科書は，言葉の切れ目のちょうどよいところで改行するなど，読みやすくなっています。学習プリントも，**1行当たりの文字数を限定する，適切なところで改行を挟む，行間を広めにとる**，など読みやすさを追究したいものです。

　図表やグラフは，問題文にきちんと対応させて配置しなければ，見る力が弱い生徒（第4章「5　見る力が弱い生徒への支援の工夫」参照）はそれだけで負担が増えてしまいます。したがって**複数ページや表裏にまたがるような問題の提示の仕方は避けるべき**です。

　また，指示は短く具体的なほどわかりやすくなります。数学の問題でよく見られる，**「ただし，…とする」といった文は，支援が必要な生徒にとっては難しい言い回し**です。

④ 十分な作業スペースの確保

　ワークシートには，まず，生徒が自分で問題を解くために計算したりするスペースと答えをまとめるスペースが必要です。さらに，教師の解説やまとめを見聞きして，自分の解答を修正するスペースも必要です（正解していたとしても，よりよい解法を教師が示した場合はそれを書き留める必要があります）。こういった**作業スペースが十分に確保されていないだけで書く意欲を失ってしまう生徒も少なからずいる**ということに注意する必要があります。

⑤ 提出期限，提出方法の明記

　提出を求める課題の場合，提出期限と提出方法を学習プリントに記載しておきます。

　黒板の端にメモをする教師もいますが，この種のメモは，他教科と混在したりするため，互いのメモが視覚的に打ち消し合ってしまうおそれがあります。また，このような**メモがあるだけで，そちらに気が散ってしまい，授業内容の板書が頭に入らないという生徒もいる**のです。メモ欄は，教室横の壁面にホワイトボードを設置するなどの方法をとると効果的です。

⑥ 自律的な学習を促すしかけ

　図形の証明問題を扱うプリントなどでは，穴埋め形式のものをよく見かけます。これは，穴埋めをする過程で証明の型をマスターし，後に自分で全文を記述できるようになるためのステップです。この形式はスモールステップを形成するにはよい方法ですし，支援の必要な生徒には重要な足場になるものです。

　ただ，目的意識の希薄な生徒は，単に教師の言葉を聞きながら言われた通り穴埋めするだけなので，そこには自律的な学習が存在しません。言うまでもなく，穴の部分だけに着目しても何の意味もないので，**ポイントとなる一文を強調する**などして，文脈全体に注目させる必要があります。また，**「なぜこの順に記述する必要があるのか」といった問いを証明問題の後に載せておくことも，生徒の思考を誘発するうえで有効なしかけ**であると言えます。

Chapter 2 まずはここから！ 数学授業のユニバーサルデザインのポイント

4 テスト作成のポイント

　ペーパーテストでは，目標に対する到達度がきちんと評価できることが重要です。目標とかかわりのない部分でつまずいて，本来評価すべき点について生徒が力を発揮できないような問題では適切とは言えません。ここでは，テストで個に対応する合理的な配慮を行うことを踏まえて，テスト作成のポイントを示していきます。
　この，テストにおける個に対応する合理的な配慮のことを，**テストアコモデーション**と言うことがあります。

❶ テスト中の認知的活動

　生徒がテストを受けるときには，以下のような一連の認知的活動が行われます。

> 1　問題を読んで題意をとらえる（入力段階）
> 2　知識を活用しながら，問題を解決する（統合・処理段階）
> 3　解答欄に自分の導き出した答えを記入する（出力段階）

　数学のテストにおいては，この中でも特に，統合・処理段階（2）を評価したいところです。言い換えると，**題意をとらえるのに苦労したり，答えを書くのに時間やエネルギーを要したりするようなテストには，設計上の欠陥がある**ということです。

❷ テスト作成のポイント

それぞれの段階で生徒に求められることを，認知・運動の両面から考えることで，定期テスト作成のポイントが浮かび上がってきます。まずはだれもが取り組みやすいテストを作成したうえで，特に配慮が必要な生徒には，テストアコモデーションを施す必要があります。

① 入力段階におけるつまずきへの配慮

テスト開始の合図で，生徒は問題用紙をめくります。この作業の回数が多くなるほど不器用な生徒には不利になります。また，問題文と図表の対応などを把握するためには，眼球のスムーズな動きも必要なので，目と手の動きのバランスが悪い生徒は，情報の取り込みにも苦労します。したがって，**問題文と図表や選択肢が表裏で分かれてしまっているようなものは，配慮に欠けたテストの典型**です。

また，問題文を読む際，次の行に目を移そうとしても，読み飛ばしてしまったり，前の行に戻ってしまったりして余計なエネルギーを使ってしまう生徒もいます。このような生徒に対しては，**行間を少し広めにとる，二段組みにする**，といった配慮が有効です。

② 統合・処理段階におけるつまずきへの配慮

把握した問題の解答を導くために，生徒は頭の中で様々な処理を行います。与えられた情報を保持しながら，背景知識となる記憶を適切に想起する必要があり，注意を集中しながら，本文や問い，図表などを数回にわたって見比べ，順序よく処理していかなければならないのです。

したがって，どの生徒も，たくさんのエネルギーを程よく分配しながら，

もっている数学的知識を問題の解決に総動員できるよう配慮したいものです。
　例えば，脳の実行機能が弱い生徒は，**計算用紙の使用を許可する**と，負担が減って，不用意なミスが起こりにくくなります。
　また，回収の利便性などを考えて問題用紙と解答用紙を別にしたテストをよく見かけますが，**問題と解答欄が一体化した，書き込み式のワークブックのような形式のテストの方が，生徒にとっては合理的**です（書き間違いを誘発するような解答番号の並びになった解答用紙などは論外です）。生徒の思考様式や間違いの傾向まで1枚の答案から読み取れるので教師にとっても便利です。

③ 出力段階におけるつまずきへの配慮

　例えば，書字障害のある生徒は，文字を間違えたり書くことが遅かったりするため，上手に答案が表現できません（もちろん計算するのにも影響します）。こういったことに対する理解がなければ，例えば，数学的な見方や考え方ができているのに，そのことを見逃してしまい，結果として正しく評価ができないということにもなりかねません。
　まずは，できるだけ多くの生徒が不自由なく解答できるように出題方法を工夫し，どうしてもカバーできない生徒には個別の配慮を行うことが求められます。
　例えば，**不器用な生徒でも，書き込むのに十分な広さの解答欄があれば，出力時の負担は軽減される**場合もあります（大学入試センター試験では，そういった子どものために，手続きを踏んだうえで申請すれば，マークチェックするだけでよい，または時間を延長するといった配慮がとられています）。生徒の実態によっては，**口頭試問やパソコンによる入力を認める**といった配慮も考えられます。

何が正しいかは一概に言えないので,それぞれの生徒の実態に応じた配慮を心がけていきましょう。

テストアコモデーションの例

入力段階	・試験問題を読み上げる ・手話や点字による出題を行う ・文字を拡大したり,行間を広げたりする ・漢字にルビを振る
出力段階	・パソコンによる筆記や,特殊な筆記具の使用を認める ・口頭での解答を認める ・解答欄を拡大する
環境設定	・別室での受験や個室での受験を認める ・付き添いを認める ・入退室しやすい座席に配置する ・時間を延長する

10分間で150文字

　生徒の書字能力を見極めたいとき、「10分間視写」を実施すると、ある程度の目安になります。

　国語の教科書に出てくるような名文を、スピード重視で原稿用紙に書き写していきます。本文と同じ字詰めの原稿用紙を使うと、写し間違いにすぐ気がつきます。スピード重視ですから、読める程度の文字であればきれいさは問いません。

　授業に支障なく取り組める生徒は、10分間に300文字以上写すことができますが、書字の苦手な生徒は100文字を下回ってしまうこともあります。

　10分間で150文字を下回る生徒は、国語や社会のように比較的板書量の多い教科では、わき目もふらず、話も聞かず、ひたすらノートを取ることに専念するか、あきらめて教師の話をよく聞いているかのどちらかにならざるを得ません。また、数学や英語では、板書量が少なくても、符号やスペルに注意を払う必要が出てきますので、見た目以上の困難を伴います。

　筆者の経験としては、この「10分間で150文字」というのが1つの目安になります。学級にこのレベル以下の生徒がいる場合、授業を担当する教科の先生方に配慮をお願いしています。具体的には優先的に書き写すべき場所を明確にし、それを写したら、後は話を聞くといった助言が必要になります。

10分間の文字数	状態
300字以上	授業参加のうえでは支障なし
200字程度	やや遅れをとるが、話を聞く時間や問題演習の時間をやりくりして何とかなる
150字程度	分量調整をしないと授業参加が困難
100字以下	意欲をなくし、行動上の問題に発展することもある

Chapter 3
気になる生徒も巻き込む！全員参加の授業づくりの工夫

Chapter 3
気になる生徒も巻き込む！
全員参加の授業づくりの工夫

1 「解ける」より「参加できる」導入

　学習を日常生活と結びつけることは，授業に興味をもたせる手段の１つです。生徒の生活実態に合った話題で，かつ結果に真実味があるものがよいわけですが，教師がんばって準備したからといって，生徒全員の興味を引きつけられるとは限りません。中には，スポーツや芸能の話題などにまったく興味を示さない生徒もいます。

❶ 「解ける」より「参加できる」

　授業の導入は，何より全員が参加できることが重要です。**「解ける」ではなく「参加できる」**です。これから新出事項を指導しようという段階ですから，生徒の予備知識の差が出ない状態でスタートラインに立たせたいものです。
　しかし，学級の中には，進学塾や通信教材などですでに内容を先どり学習し，計算方法などが自動化している生徒もいれば，数学大嫌いで投げやりな生徒もいます。このように多様な生徒が存在することを前提として，**全員が参加でき，ときには逆転現象が起きるような問題**を工夫したいところです。

❷ 理屈を学ぶ前に，まず体感

　ハンバーガーとポテトはそれぞれいくらでしょうか。

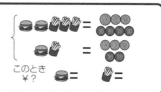

例えば，この問題では，先取り学習をしている生徒が中途半端な知識で連立方程式を立てて解こうとすると，直感でパズルのように消去しながら視覚的に解く生徒に負けてしまうことが多々あります。

　実は，このパズルを解くという過程を分析すると，連立方程式を解く手順の意味が見えてきます。**理屈を学ぶ前に，まず体感している**わけです。

　具体的な操作を利用して思考を整理した後，数式を用いた機械的操作を自動化させるという授業の流れは，初学者にとって学習内容をイメージしやすいものです。また，**事前に手順だけを学んでいる生徒にとっても，式変形の意味を知り，学校外での学習では得られなかった学びの機会，思考の機会になる**のです。

❸ 具体物に汎用性を求めない

　具体物を用いた問題の欠点として，負の数や分数，小数といった特殊性には対応しにくい，ということがあげられます。しかし，数式を扱う際に数式の有用性，すなわち機械的に処理すれば答えが得られるという便利さを強調することができます。ですから，導入での具体物に汎用性を求める必要はありません。

　また，右のように，絵を用いて思考と数式の処理を対比させ，言語化した説明をすれば，様々な特性の生徒の理解を促進することができます。

図解	数式で表す
問題を具体的に考えます	連立方程式 $\begin{cases} 2x+3y=690 \\ x+y=270 \end{cases}$ を解く。
上の段と下の段を比べます	$\begin{cases} 2x+3y=690 \\ x+y=270 \end{cases}$
下を2セット用意します	
上と下の違いを調べます	
ハンバーガーとポテトを調べます	

❹ 導入を上手に行う4つのポイント

　すべての生徒がわかりやすいと感じる授業を目指すとき，導入に全体の成否がかかっていると言っても過言ではありません。授業のはじめの5分ぐらいのものもあれば，単元の最初に20分ぐらいかける長いものもあるでしょう。ここでは，授業の導入を上手に行うポイントを4つあげてみます。

① 新しいテーマとの関係性を意識する

　授業で扱うテーマについて，導入の時点では，教師だけが全体の見通しをもっていますから，活動の主導権はすべて教師にあります。したがって，導入の目的は，生徒にその時間の目標を理解させることにあると言えます。
　ゲーム性のあるものや時事ネタなど，楽しい導入を工夫するのはよいことですが，その時間に学ぶ新しいテーマとの関係性がなくてはいけません。導入によって，**生徒が新しいテーマに疑問をもったり，解決すべき問題と身につけるべき能力に注意を向けたりすることができるように工夫する**ことが大切です。

② 生徒の予備理解を表出させる

　予備知識というと，新しいテーマを学ぶときに知っているべき定理や計算方法のことを思い浮かべます。ここでわざわざ予備理解としたのは，知識だけではなく，生徒のイメージや感情まで含めてとらえるためです。
　関数と聞くだけで「あー，オレ苦手」とか，証明と聞くと「めんどくせー」という反応は，生徒のイメージや感情であり，これらもある意味ではこれまでの経験から導かれた理解ということになります。
　教室には数学が得意な生徒ばかりではありません。中学校では，学年進行

とともに数学に対する苦手意識をもつ生徒も増えていくと言われます。しかし，「苦手」「めんどくさい」といった負のイメージでも，それを表出する生徒は，「嫌だけど取り組むことにしよう」と，スタートラインに立つ意思はもっているのです。無気力とは違うこの予備理解を，新たな挑戦へとうまく導いてあげることが大切です。

③ 生徒の感情を整える

中学生の感情は豊かです。刻一刻と感情は変化し，授業が始まっても休み時間の出来事が頭の中を支配しているということもあります。こういった**生徒の感情を整え，授業の雰囲気をつくり上げるのも導入の役割**です。

大声を出して着席を呼びかけたり，逆に黙り込んで生徒が静まるのを待ったりするのも１つの方法です。しかし，これは外的側面のみを授業に向けさせるだけであって，生徒が自律しているとは言えません。このような規律的指導ははじめのうちは必要かもしれませんが，授業の導入がおもしろい，聞き漏らすと損だ，と思わせる授業力こそが，教師にとって最強の武器になります。

④ 運動的側面に働きかける

自分で体験し，確かめることができると，学ぶ喜びもわいてきます。そこで，ときには，**認知的側面や情意的側面だけでなく，粗大運動や微細運動を含む運動的側面に働きかけたい**ところです。

模型をつくるのもよし，たまには教室を飛び出して運動をするのもよし。こういった導入にも大きな価値があります。

2 | 教科書を教える授業づくり

「教科書を教える」のではなく、「教科書で教える」ことが大切だとよく言われます。これには深い意味があるのだと思いますが、具体的にどうすればよいのかと聞かれると、答えに困ります。

筆者は、「教科書を教えられたら一流」だと考えています。教科書は、学習指導要領通りにつくられていて、文部科学省の検定を通っているので、必要な内容は完璧に含まれています。ですから、経験の浅い教師も、教科書をきちんと教えればよいのです。ただし、「きちんと」のとらえ方には個人差があるので、筆者の考える「きちんと」について詳しく触れておきます。

❶ 教科書の言葉づかいや数値には意図がある

1年で、文字式の表し方を指導します。例えば、商の表し方として、「文字の混じった除法では、記号÷を使わずに、分数の形で書く」ことを教えます。教科書のこの節の末には次のような問題があります。

次の式を、文字式の表し方にしたがって表しなさい。
(1) $3x \div 2$　　　(2) $(a-2) \div 3$

この次の節は、文字式の計算となり、節末問題は次の通りです。

次の計算をしなさい。
(1) $6x \div 3$　　　(2) $\dfrac{2}{5}a \div 10$

この２題が節をまたぐ意味は，問題文の言葉づかいを見ればおわかりでしょう。最初の節は，文字式の表し方のルールに焦点化しています。次の節は，約分を含めた計算に焦点化しています。つまり，節を分けることで，焦点化すべきことが明確になっているのです。

　きちんと教科書を教えるということの第一は，このような教科書の意図を汲んで授業展開を組み立てることです。言葉づかい，数値，配列などすべてが意図的につくってあるのが教科書です。

　教科書の執筆者や制作会社の意図に無頓着な教師が，勝手な数値で例示してしまうと，せっかく焦点化してある学習内容が台無しになってしまうことがあります。このような**教師による問題の改悪は，その時間の学習の目的とは違った箇所での生徒の誤りや勘違いを誘発する**ことがあります。結果として，本質とはかけ離れた項目の確認や復習の必要性が生じます。

　ちなみに，定期テストの出題においても，言葉づかいには気をつけなければなりません。

$8x \div 6$ をわり算の記号÷を使わずに表しなさい。

　上の問題は，非常に雑な出題と言わざるを得ません。出題者は，

1　わり算の記号÷を使わずに分数で表すことができること
2　分数は，約分してできる限り簡単な数値で答えることがわかること

の２点（両方）を評価したかったのだろうと推測できます。しかし，$\dfrac{8x}{6}$ と答えた生徒がいた場合，○にせざるを得ません。問題文が約分の必要性に触れていないからです（１題で複数の観点を評価しようとする場合，評価規準に見合った採点基準をつくるのは難しいことです。概ね満足かどうかを評価する場合，１題１観点を原則にした方がよいでしょう）。

❷ 教科書の行間を埋める

① 数式に意味づけをする

　教科書には，**本当は興味深い数学的背景をもっている式が，別の課題として登場する**場合があります。その背景を説明することで，生徒の興味・関心を引き出すこともできます。

　例えば，２年の「式の計算」では，等式の変形を学んでいると，次のような問題に出会います。

　次の等式を [　] 内の文字について解きなさい。
(1) $V = \dfrac{1}{3}Sh$　[h]　　　　(2) $S = \dfrac{1}{2}(a+b)h$　[b]

　この問題を単に等式の変形の問題として扱うと，機械的な作業で終わってしまいますし，(2)に至っては，生徒に面倒な印象だけ残ってしまうかもしれません。

　しかし，(1)が錐体の体積を求めるものだと気づく生徒もいるはずです。そのような気づきをぜひ授業の中で引き出したいものです。さらに，これを h について解くことに関して，体積と面積がわかると高さが求められるということに結びつけると，自然に適用の意味がわかってきます。

　また，V は Volume の頭文字で体積を意味するということを教え，他の文字の意味を調べる課題などを出せば，生徒の知的好奇心を刺激することができます。

② 日ごろから種をまく

　具体的な数字の0で，数や式をわる生徒はまずいません。しかし，文字式になると，0になる可能性があるにもかかわらず，簡単にわってしまう生徒が多くいます（教師でさえも意識から抜け落ちている場合があります）。
　教科書には，次のような記述があります。

> a を整数，b を0でない整数としたとき，$\dfrac{a}{b}$ と表すことができる数を有理数という。

　なぜ，b だけ0でないと断っているのか，教科書には理由が書いてありませんが，一言触れておきたいところです。このようなことを考えておく習慣がついていると，しばらくして出てくる二次方程式の解の公式を扱うとき，またツッコミが入れられる表現に出会います。

> 二次方程式 $ax^2+bx+c=0$ は，両辺を x^2 の係数 a でわれば，$x^2+px+q=0$ の形の二次方程式となり，平方の形に直して解くことができる。

　ここでは，無造作に a でわっています。しかし，最初に二次方程式とわざわざ断っていることにより，先頭の a が0ではないことが保障されています。これに生徒が気づけば大したものです。
　「適用化（学んだことを応用したり，他のことに適用したりすること）」，「機能化（授業で学んだことを実生活で使えるようになること）」は授業のユニバーサルデザイン化の中で最も難易度の高い位置づけです。1つの教材で学んだ知識が，他の教材を学習するときに生かせるように，日ごろから種をまいておくことも，教師の役割の1つです。

❸ キャラクターを生かす

　教科書には，マスコットや何人かの生徒がキャラクターとして登場し，発言をします。ここには重要なポイントが隠されているので，有効に使いたいものです。
　キャラクターが発言する内容としては，問題を解くための思考のヒント，本文の流れの中にある節目の重要事項，予備知識として必要なこと，思い出しておきたい公式，ミスしやすいこと…などです。教科書によっては，これらをキャラクターで分けて発言させている手の込んだものもあります。
　授業で板書するときは，**キャラクターの発言をヒントにして，それを具体的な内容に書き換える**と，ポイントがはっきりしたわかりやすい板書ができ上がります。

❹ 教科書はネタの宝庫

　教科書のすべてのページに隈なく目を通している教師は，果たしてどれぐらいいるでしょうか。若い教師から，「どこで数学のネタを仕入れているんですか？」と聞かれることがありますが，教科書の端から端まで教材研究をすれば，十分過ぎるほどネタは収集できます。
　例えば，表紙や裏表紙を開くと，美しい写真があります。これは単なる飾りではなく，数学が潜む教材です。
　目次には，各章を特徴づけるイラストがさりげなく書いてあったり，ところどころに挟まれているコラムには，日常生活や歴史にかかわる写真があったりと，ネタに困るどころか，教師自身が知らない話題も多く，調べるのにひと苦労だと思います。
　また，近年の教科書は，活用や探究のページが充実しています。自由研究の課題のヒントがあり，レポートの書き方まで載っています。

表紙から奥付に至るまで，**教科書のすべてのページに目を通してみると，意外な発見がたくさんある**はずです。

❺ 教師と生徒の世代間ギャップをうめる写真

　教科書には，時として，「こんなものいらないだろう…」と教師が思うような写真まで載っていることがあります。しかし，教師が想定しているほど生徒の知識は多くありません。

　また，教師の世代には常識的なものでも，生徒にとっては骨董品と化しているようなものもあります。こういった**世代間のギャップも，ちゃんと写真が補ってくれている**のです。

　実際，筆者が経験したところでは，三角パックの牛乳，王冠，蚊取り線香などを見たことがないという生徒がいました。

　やはり，百聞は一見にしかず，です。

3 学習のスモールステップ化

スモールステップによる学習は，授業のユニバーサルデザイン化を考える際の重要な要素です。多くの生徒にとって有効な手段であり，特に支援の必要な生徒に計画的に対応するためのよい方法です。ただ，一口にスモールステップと言っても，様々な形態があるので，目的に応じて使い分けていく必要があります。

❶ ステップの設計

5mの高さまで上るのに，1mの階段を5段つけたところで上ることに困難が生じるのは同じで，これではスモールステップとは言えません。では，1cmの階段を500段つけたらどうでしょうか。今度は上がるのが面倒になりますから，これも適切なスモールステップとは言えないでしょう。これらは極端な例として，この場合，20cmの階段を25段つけるぐらいが多くの人が有効だと感じるスモールステップではないでしょうか。このように，**程よく細分化する**ということがまず大事になってきます。

❷ スモールステップを押しつけない

さて,せっかくつくった階段ですから,教師は1段1段ていねいに上って行ってほしいと考えるものです。しかし,ユニバーサルデザインの視点で見ると,ていねい過ぎる支援は生徒のためにならないことが多々あります。これは,教師による親切の押し売りのようなもので,必要な生徒にとっては大切な踏み台であっても,不要な生徒にとっては邪魔かもしれないのです。**わざわざ1段ずつ上らなくても,威勢よく1段とばし,2段とばしで駆け上がることも認めるべき**です。

「そんなに勢いよく上ったら,足を踏み外してしまうのではないか…」とか,「たまたま飛ばした段に何か大切なものを落としてしまったのではないか…」などと心配する親心は不要です。もともとだれにでも上がれるように,と低く設定してある踏み台は,成長とともに邪魔になるはずですから,いつまでも置いておかないことです。

❸ 2種類のスモールステップ化

① 学習内容のスモールステップ化

中学生ともなると,与えられた問題に対して,「できない」と簡単にあきらめてしまう生徒は少なくありません。そこで,今の力でどこまでできるのかを把握し,次にできそうなところまでいったん引き上げ,その後さらにできそうなところまで…を繰り返していくのが,学習内容のスモールステップ化です。多くの教師は,スモールステップ学習というとき,こちらを思い浮かべるのではないでしょうか。

もう少し具体的に見ていきましょう。例えば,2直線のグラフの交点の座

標を求めるという問題について考えてみます。

この問題を解くためのステップは，大まかに言うと以下の3段階です。

> 1　2直線の式を求める
> 2　求めた2式を連立方程式として解く
> 3　連立方程式の解を座標の形式で書く

それぞれのステップについて，必要な知識，技能を身に付けていれば，この問題はクリアできます。

もし1のステップでつまずきが見られた場合は，
「グラフが通過している2点の座標を読めるか」
「一次関数の式の標準形がわかるか」
「傾きが求められるか」…
というように，さらに細分化してつまずいている箇所を特定し，知識，技能を補充していくようにします。

2のステップでも，
「文字式のルールがわかっているか」
「移項ができるか」…
というように，基礎的な要素に分解していく必要があるかもしれません。

このように，ある問題についてつまずきのある生徒には，**細分化してつまずきの原因を特定し，必要な知識，技能を補充しながら，一つひとつ積み上げていくわけです。**

② 学習活動のスモールステップ化

学習内容のスモールステップ化（細分化）に対して，もう1つの細分化を

知っておくと,学習が思うように進んでいかない生徒に対して有効な支援ができます。

　数学の学習では,わかったと思っても,いざ自分で問題を解こうとしたときに,実はよくわかっていなかった,ということがあります。そのため,同じような練習問題を処理が自動化されるようになるまで繰り返すことが,1つの学習方法としてこれまでも広くなされてきたわけです。

　ここでは,解の公式を用いて二次方程式を解くことが自動化されるように練習する,という例で具体的に見ていきましょう。

　まずは,教科書の例題を解の公式を用いて教師が解いて見せます。その後,教科書の練習問題を生徒に解かせるというのが一般的な流れでしょう。ここでは,(1)～(5)という5問を用意したとします。

　速やかに処理ができる自信のある生徒には,この5問題を一気に解かせ,自分で答え合わせをして,全部正解ならそれで終わりでよいでしょう。

　一方で,自信がない生徒にとって,(1)～(5)まで一気に解くというのは効果的な学習の仕方ではありません。そこでまず,(1)の問題を解いたら,教師のところに持って来こさせ,できたかどうかの確認をします。もし間違えていても,早い段階で修正できることになります。(2)を解いたら,改めてやり方の確認をします。今度こそできたというのなら,(3)以降は一気に解かせてみてもよいでしょう。

　これが,学習活動のスモールステップ化です。

　計算練習などでは,誤ったことを繰り返し行うと,それが定着してしまって修正困難になる恐れがありますが,**学習活動を生徒の実態に応じて細分化することで,そういった誤学習を防止する**というわけです。

　当たり前のことのようにも思われる工夫ですが,例題を説明した後,数問の練習問題を全員に一気に解かせてしまうような指導を意外としてしまいがちではないでしょうか。机間指導によって生徒の様子を見とり,苦戦している生徒が多いと判断されたなら,**とりあえず(1)だけ解かせ,もう1回教師が解説する**,という工夫が必要になる場合もあります。

学習内容のスモールステップが階段を上らせるイメージだとすると，学習活動のスモールステップは，道を徐々に前に進んでいくイメージと言えるかもしれません。
　この２種類のスモールステップを，教師が意識的に組み合わせて使えば，学級全員により確かな学びを保障することができるはずです。

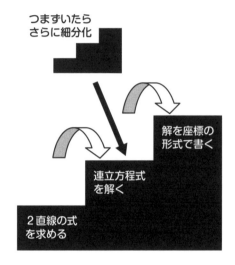

学習内容のスモールステップ化

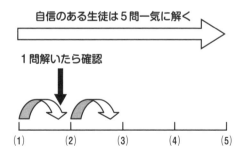

学習活動のスモールステップ化

❹ 特に学習に遅れのある生徒への支援

　学習に遅れのある生徒こそ，スモールステップで計画的に支援していく必要があります。

　教師がその生徒と一緒に学習できる場面では，学習内容のスモールステップ化で，身についていない知識や技能をていねいに見極めていく必要があります。

　どうしても困難な場合，特にLD（限局性学習症）の診断が出ている生徒などは，代替手段が必要になる場合もあります（これは，問題を細分化し，分析的に見ていかないとわからないことです）。例えば，ワークブックなどの問題を解かせる場合，**できそうな問題をあらかじめ教師が選んで与える**という方法があります。

　通知表の所見欄に，「基本的な計算を練習しましょう」と書かれているのを見かけることがありますが，こういった生徒は，**そもそも何が基本的なのかがよくわからず，自分自身の力では適切な練習をすることができない**のです。やみくもに練習問題に挑戦させても時間を浪費するだけですし，一気にたくさん解いても全部間違えていれば，学習意欲，ひいては自己肯定感が下がることになります。

　その生徒の特性に合った効果的な方法を提示してやることも，教師の重要な役割です。

4 「わかった」を実感できる確認

❶ わかっていないことの意思表示は難しい

　教師は、授業の中でよく「わかった？」「ここまで大丈夫？」などと確認することがあります。それに対して生徒から Yes も No もないのに、授業は先に進んでいきます。教師にとってこういった発言にほとんど意味はなく、授業の中のリズムの１つのようになっています。

　ところが、**こういった何気ない発言が、一部の生徒の自信を失わせ、学習意欲を低下させる原因になる**のです。

　自己肯定感の低い生徒は、物事を悪い方に考えがちです。「わかった？」と聞かれて、その瞬間に様々な思いが頭をよぎります。まわりの目を気にしながら、黙って下を向いてしまう生徒がいないか教室内を注意深く見てみましょう。また、わかっていないのに「わかった」と言ってしまう生徒もいます。

　このように、わかっていないことの意思表示は生徒にとって簡単なことではありません。

❷ 言語化することで定着させる

　では、「わかった？」の代わりにどう生徒に投げかければよいのでしょうか。おすすめなのが、**「ここまでで何がわかりましたか？」「今日は何を学びましたか？」**といった発問です。

　この発問は、生徒に自らの学びの状態を言語化して、表出することを要求しているので、何となくわかったことを頭の中で統合していかないと対応で

きません。言語化することは定着させることにもつながります。授業の最後に振り返りシートなどを書かせる方法もありますが，これも，わかったことを言語化させて定着を図るという意味で，理に適った方法と言えます。

ただ，**表出すること自体が苦手な生徒も多くいるので，その方法には配慮が必要**です。話す力や書く力を育てることが目的ではないので，言葉で話をさせる，紙に書かせる，など学級の実態に応じて選択するとよいでしょう。

❸ みんなの定石と私の得意技

「今日は何を学びましたか？」という発問に期待する回答は，大きく２種類に分類されます。

１つは，「まず，道のりと時間の関係を線分図に表すことが大事です」「因数分解では公式を使う前に共通因数でくくります」のような**ストラテジーに関する学びの成果**です（ストラテジーは「方略」と訳されることが多いですが，ここではある程度一般化され多くの生徒が共有できる解法の定石と考えてください）。

もう１つは，「私は一覧表よりも樹系図の方がわかりやすいです」「僕は横書きの式より，縦書きの式の方が計算間違いは少なくなりそうです」といった**メタ認知的な理解**です（メタ認知とは「理解できたか，理解できていないか」といった理解についての判断や「覚えたか，覚えていないか」といった記憶についての判断を自分で行う認知的活動のことです。ここでは，他の人はともかく，自分にとってこれが効果的だという方法と考えてください）。

他にも，例えば，失敗してもはずかしくない環境づくりなども重要です。授業中失敗することははずかしいことではありませんから，そう感じさせてしまう環境はよくありません。小学校のように，みんなで「いいですか？」「いいでーす」というわけにはいかないのが中学生です。一人ひとりが自分なりの「わかった」を実感できるような確認の仕方を工夫したいものです。

5 質問しやすい環境づくり

❶ 質問することは難しい

「わからなかったら質問においで」
　教師は簡単に言いますが，**質問することはかなり高度な学習スキル**です。
　苦手な生徒ほど，質問や相談ができず，問題を先送りしたり放置したりしています。本当は質問したくても，コミュニケーションの苦手さから避けてしまう生徒もいます。
　また，質問はおろか，休んだ日に配布されたプリントを受け取りに行くといった，必要最低限の申し出すらできない生徒も少なからずいます。
　「この程度のことは，中学生なんだからできてほしい…」という教師の思いは，残念ながら通じないことが多いというのが実情です。こういった生徒の実情を理解し，生徒が質問しやすい環境を整えましょう。

❷ 学びのエキスパートを育てる

　第1章で紹介した学びのユニバーサルデザイン（UDL）の基本的な考え方の中に，**「学びのエキスパートを育てる」**ということがあります。学びのエキスパートとは，「方略的で，目標に向けて学べる」「学習リソースが豊富で，知識を活用できる」「目的をもち，やる気のある」学習者，というように説明されます。
　このように育っていくためには，自分から課題を見いだし，解決し，活用していくことが必要ですが，そこに教師の適切な支援は欠かせません。単に

人を頼って聞くのではなく，自分から質の高い質問ができるように育てることが目標です。

❸ まずは，何をわかっていないかを理解させる

生徒が質問するためには，まずは自分が何をわかっていないかということを理解することが必要です。**学習についていけていないと，そもそも自分が何を理解できていないのかが理解できていない**からです。

また，質問に来ても，何を聞きたいのかがまとまっていない生徒もいます。それでは，せっかくの質問にも教師はどう答えたらよいかわかりません。

そこで，以下のように**具体的な例をあげて，どのようなときに，どのような質問をするとよいのかを指導する**とよいでしょう。

> ●文章題に手がつけられない…
> 　➡問題文の意味がわからない
> 　➡意味のわからない言葉を特定して質問する
>
> ●関数の問題に手がつけられない…
> 　➡表やグラフが表していることがわからない
> 　➡表やグラフが問題（本文）のどことかかわるのかを質問する

❹ 安心して質問できる環境を整える

生徒が質問しようと思い，勇気を出して教師を訪ねても，会議中だったり，忙しそうで声をかけられなかったりという不運が重なることがあります。ちょっと間が悪かっただけですが，こういった経験が重なると，出直す気持ちはどんどん低下します。

どんなに忙しくても，生徒の学ぼうとする姿勢に対して，教師はていねいに対応すべきです。消極的な生徒や意欲の減退しやすい生徒がいることも踏まえて，以下のような配慮をして，生徒が安心して質問ができる環境を整えましょう。

●質問してよい時間を決めておき，事前に知らせる。
●担任や部活動の顧問など，生徒にとって話しやすい教師が仲介する。
●教師の事情で断ったときは，教師から声をかける。

　学習を通して生徒とよい関係ができれば，生徒指導上の問題が起きたときにも役立つときがあります。

❺「また来ても大丈夫」という気持ちにさせる

　質問に答えながら，教師が無意識に生徒を遠ざけてしまっていることもあります。「こんなこともわからないのか」という反応は論外ですが，**「これは簡単」「これは基本」といった何気ない言葉にも実はトゲがある**のです。現にわからなくて質問に来ているわけですから，それを簡単とか基本とか言ってしまうと，傷つく生徒もいます。
　また，せっかく質問しに来たからと，ここぞとばかりに，教師が逆質問をすることもありがちです。「じゃあ，こういう場合はどうかな？」といった具合に，**生徒が知りたがっていることの次元を超えるところまで発展させたりすると，それが負担になる生徒もいる**のです。教師が生徒にとってちょうどよい答えを返してあげることで生徒は安心し，「また来ても大丈夫」と思います。そうしているうちに，よりよい質問や的を射た質問をする力が育っていきます。

❻ 発達に偏りのある生徒への配慮

　学級の中には，教師の都合などにはお構いなしに質問してくる生徒がよくいます。中には，授業中に周囲の生徒への気づかいなく質問を連発するような生徒もいます。これは，発達上の多動性・衝動性が表出言語に表れた一例です。そして，質問に教師が応じないとパニックになってしまう場合があります。

　この現象は，発達に偏りがあることに起因していますから，このような生徒に対して，頭ごなしにしかりつけては絶対にいけません。**ルールを決めて，周囲の生徒の迷惑にならないよう発信できる方法を教えてあげる**必要があります。本人が意識しないと行動は改善できませんし，意識したところで改善できるとも限らないのが発達の偏りです。

　では，どのようなルールを設けるのかについてですが，例えば，授業中にいきなり質問するのではなく，**何か聞きたくなったら「質問」と書いたトランプ大のカードを無言で机上に置く**といった合図を決めてあげるとよいでしょう。こうすることで，生徒が無用なパニックに陥ることを避けることができます。

Chapter 3
気になる生徒も巻き込む！
全員参加の授業づくりの工夫

6 机間巡視，机間支援，机間指導

　生徒の実態把握ができなければ，一斉授業の組み立ても，個別の配慮もありません。そのための1つの方法として，教師は授業中に生徒の机の間を巡回し，生徒の様子を観察します。このことを，机間巡視，机間支援，机間指導などと言いますが，それぞれ似ているようで微妙な違いがあります（実際には，これらをまとめて机間指導と言うことが多いようです）。

❶ 机間巡視

① 机間巡視の目的

　まず，生徒集団全体の様子を把握するのが机間巡視です。巡"視"なので生徒に直接的な指導助言は行いません。生徒が自力解決している作業の進行状況を見て回ります。
　ここで，生徒が何をするべきかで戸惑っているようであれば，いったん作業を止め，再度指示し直す必要があります。
　作業自体はおおむね順調に進んでいるようであれば，その後の授業展開を決定するための観察を行います。「正解している生徒が多いか，誤答の生徒が多いか」「どこでどのように間違えている生徒が多いのか」「正解者はどのような道筋をたどっているのか」「よりよい解決方法を探している生徒はいないか」…など，**多様な生徒の考えの質やその出現率をつかむ**わけです。この状況いかんによっては，予定していた授業展開を修正する必要も出てきます。

② 机間巡視を効率的に行う準備

 大規模な学力調査などでは,あらかじめ誤答類型が作成されています。**生徒が間違いやすいところを予測し,いくつかの間違いのパターンを作成しておくわけです。**これと同じようなことを,教材研究の中でやっておくと,机間巡視がより効率的になります。

 例えば,計算問題などでは,間違うポイントが比較的限られています。そこで,以下のように原因とあわせて誤答類型をつくっておきます。

> ● 3 … 正解
> ● 5 … 最初の(　　)の前のマイナスの処理を間違えている
> ● 7 … 2つめの(　　)の前のマイナスの処理を間違えている
> ● 9 … 両方の(　　)の前のマイナスの処理を間違えている

 机間巡視で生徒の答えをひと通り確認し,誤答類型に照らせば,学級全体のおおよその誤答傾向をつかむことができます。これを同様の問題について数題行えば,かなり高い確度で傾向を把握することが可能と言えます。

 こういった準備をしておくと,個々の生徒に適切なアドバイスができることはもちろんですが,解説のときにどこを強調すればよいのかが定まり,より効率的な指導ができます。逆に,教師が間違いやすいところだと思っていた問題でも,クラスの生徒の大半が問題なく通過しているようであれば,わざわざ時間をかける必要はないとも言えます。あくまでも目の前にいる生徒がどのような状況にあるのかを見極めるのがポイントです。

 また,多くの中学校現場では,2学級以上同じ授業を担当する場合が多いはずですが,すべての学級で同じ授業展開になるとは限りません。誤答の傾向が違えば,解説なども当然変わってしかるべきです。生徒の実態をよく分析して,無駄な解説を控えれば,与えられた授業時間を効率よく使えます。

生徒が多様であればあるほど，事前準備が効果的です。

　ところで，先の例は計算問題についての話ですが，問題の種類によっては，誤りやつまずき傾向を予測するのが難しい場合もあります。例えば，文章題は立式から計算まで間違いの原因が多岐にわたり，予測するにも時間がかかります（大規模な学校であれば，複数の教師で手分けして準備しておくのもよいでしょう）。

　時として，それらの予測がことごとく裏切られ，準備しておいた誤答類型がまったくの無駄になってしまうこともあるかもしれません。

　ここで注意したいのは，こういった場合，授業の中でも教師が考えていなかったような誤解を生徒に与えてしまっている可能性をはらんでいる，ということです。このような場合は，**生徒に考え方や答えを説明してもらうなどして，どこで誤解が生じたのかを教師自身も振り返る必要がある**でしょう。

❷ 机間支援，机間指導

① 支援と指導の使い分け

　その後の授業展開についていけなくなってしまうであろう生徒を，直接的にサポートするのが机間支援，机間指導ということになります。机間支援ではヒントを与えて生徒の自力解決を促すことになりますが，机間指導だともう少し踏み込んで，ポイントを教えてしまったりすることになります。**個々の生徒の状況と，その後の授業展開の予定によって，支援と指導のいずれを行うのかを判断する**必要があります。

　よい気づきが含まれている間違いや，その先の学習につながるような間違いなど，「価値のある間違い」については，その場で個別指導せず，学級全体で取り上げた方がよい場合もあります。

② 一人の生徒に時間をかけ過ぎない

　机間支援，机間指導で一人の生徒にかける時間は10～20秒程度と心得ておくべきです。

　作業や演習の時間が長すぎると，集中が続かずあきてしまう生徒や，あきらめて遊んでしまう生徒，早くでき過ぎて時間が余ってしまう生徒などが出てきます。長すぎる個別対応は無駄な時間の延長を招いてしまうので，全体の緊張感が薄れ，授業自体が崩れてしまう危険性があります。

　授業のはじめに宿題の点検をするための机間指導を行うことがありますが，これにも同じようなことが言えます。上手な教師は，**リズミカルに全員の点検を短時間で行い，すぐに授業に入っていくので，学級全体の雰囲気が締まっている**のです。一方，個別対応に時間をかけグズグズしていると，生徒が暇になって，後ろを向いたり壁に寄り掛かったりして，とてもこれから授業を始めようという雰囲気にはなりません。

　また，発達に偏りのある生徒は，何をすればよいのかが明確でない時間をうまく過ごせないケースが多くあります。手持ちぶさたになると，友だちに話しかけたり，立ち歩いたりしてしまうかもしれません。このようなことで授業の雰囲気が壊れると，その原因のすべてがこの生徒にあるかのように教師は勘違いしてしまいがちですが，教師自身の手際の悪さが遠因をつくっているという自覚が必要です。

　このようなことを踏まえると，**机間支援，机間指導は，１回の時間を長くするより，短い時間でこまめに何回も行うのが効果的**です。

7 グループ学習の特長の生かし方

　グループ学習を行うと，そこでの学び合いによって新たな発見が生まれることがあります。生徒同士のかかわり合いによって，一人では学ぶことができない力が得られることもあります。こういったことは，学校における学びの最大の特長の１つであると言えます。

　しかし，中には，グループ学習が苦手という生徒もいます。例えば，自分の意見をもっているのに話の切り出し方がうまくいかない生徒もいれば，人に頼ってしまって自分の意見をもとうとしない生徒もいます。一言も言葉を発さないまま授業を終えてしまう生徒がいては，せっかくのグループ学習も意味がありません。

　また，一見活発に活動しているように見えても，よくできる生徒一，二人が仕切ってしまい，他の生徒はただ流れに任せているだけ，というグループもあります。中には，やることもわからず，おしゃべりの時間に変わってしまっている最悪の状態のグループもあります。

　こういったことを考えると，グループ学習の特長を発揮させるためには，互いの学習を阻害することなく，高め合うことができるように，教師が工夫してしかけをつくることが要求されます。**生徒全員が課題を共有し，１つの方向に向かって取り組んでいけるような最低限の構造化**をしなければなりません。

❶ 活動のコントロール

　数学の時間に行われるグループによる学習には様々なタイプがあります。例えば，データをとり推定する活動を行うグループ学習では，実験を行って

データを取得し，そこから予測を行い，グループで意見をまとめる，というのが定番の流れです。

このように，オープンエンドな課題では，予測の段階でいろいろな意見や考え方が出てくるのがよいわけですが，ここで本来の学習内容と違った方向に活動が向かっていかないように教師がコントロールする必要があります。

その際には，議論が散らばりそうになったとき教師が介入しなくても，**生徒が自分たちで気づいて戻ってこられるように，ワークシートに実験の目的や本時の目標を明記する**ことが効果的です。

❷ 全員が意見を言う場の保障

大人の会議であっても，自分の意見をもっていながら，それが不確かで自信がもてなければ，周囲の意見をただ聞くだけになりがちです。また，周囲の意見の多くが自分のものと相反するものであると気づくと，結局は自分の意見が言えずに，不本意ながら周囲に賛同してしまうということもあります。さらに，グループの中に押しの強い人がいると，それが必ずしも正しいとは限らなくても，採用されてしまうことがあります。

グループ学習も同じことで，全員が意見を言う場が保障されていなければ，学び合いは成立しません。

例えば，**グループ全員が付箋紙に自分の考えを書き，何枚か模造紙に貼ってから気になる意見についてお互いに聞き合う**といった方法も研究されています（この方法は，教師の研修会などにおいても採用されることがあるようです）。

また，**「賛成」「反対」「どちらかと言えば賛成」…など，自分の考えの程度を，数直線や座標にプロットして，自分の立場を視覚化してから議論に入る**という方法もあります。

このような方法でグループ学習を設定すると，自分の意見を必ずどこかで表明する機会ができるので，少なくとも傍聴人になることは許されません。

方法には賛否や改善の余地はあると思いますが，生徒の実態に配慮して活用すれば，全員に意見を言わせることに効果を発揮します。

❸ グループの人数を考える際に配慮すべき特性

　何人組のグループが最も学習効果が高いかという点については，3人組，4人組など，様々な説があります。これまでにも多くの論文や書籍で議論がなされていますし，それぞれの主張には説得力があります。目的によって適正な人数があることを理解し，うまく使い分ければよいでしょう。

　ただし，グループの人数を考えるうえで，生徒の発達特性について特に配慮したいことがあります。

　発達に偏りがあることで，他者の意見の本質が見いだせない生徒がいます。他者の意見が自分の意見と本質的に同じなのか，違うのかが判断できないのです。その生徒が発言した後，他の生徒から，「それは○○さんの意見と同じです」と指摘されてしまうことが出てきます。また，テーマとずれた話を延々としてしまう生徒もこのタイプです。

　このような生徒は，**グループの人数が増えるほど，他者の意見を聞き分ける困難が増していくので，グループ学習よりペア学習の方が効果的**なことがあります。

　また，大人数でグループ学習をする必要があるときは，**事前に内容を伝えて，準備しておく時間を与えるといった個別の配慮をしておくと**，比較的余裕をもって参加できるようになります。

❹ 活動の破たんを防ぐために

　グループ学習は，ちょっとしたきっかけで活動そのものが破たんしてしまう危険もはらんでいます。

　中でも，ゲーム性の高い課題を扱った活動は，楽しさの陰に注意しなけれ

ばならないことがあります。それは，**勝ち負けがつく**ということです。学級の中には，勝ち負けに執着する特性をもった生徒がいることがあります。また，はじめての活動に適応することが苦手な生徒や不器用な生徒も，活動に参加することを本当は嫌がっているかもしれません。

そこで，必要最低限の知識・技能を全員がもっていることを確かめ，**「失敗しても責めたり，咎めたりしない」**ということをしっかり確認し，安心感をもたせてから活動に入らせる必要があります。また，活動中に調べたり，電卓を使ったりすることを認めるのも，個々の配慮として必要になる場合があります。

❺ 忘れ物への対応

必要な道具を忘れてしまうことで，グループ学習に参加できないという状況が生じることもあります。

そんなとき教師は，「だれかに借りなさい」と簡単に言いがちです。しかし，その何気ない指示が，コミュニケーション上の困難を抱えていたり，人間関係の構築が上手でない生徒が，借りる相手がいなくて途方に暮れ，実は活動に参加できていなかった，という事態を招いてしまいます。こういった生徒のために，教師は道具を貸し出す準備をしておくべきでしょう。

このように，**支援の必要な生徒もグループ学習にうまく取り込んでいくためには個別の配慮も必要**になってきます。

8 少人数授業の特長の生かし方

　英語や数学の授業を20人程度の少人数で行う学校が多くなりました。せっかく１つのクラスで日常を過ごしているのに，２つに分けてしまうことで学級経営上マイナスになってしまう面もあります。それでもなお数学の時間になるとわざわざ少人数にして，教師も２人にするからには，生徒にとって効果がなければいけません。40人のときと同じ授業をやっては意味がないので，少人数のよさを生かせる授業づくりをしていきたいものです。

❶ 個に対する適切な支援をきちんと行う

　他の教科が学級全員でやっているのに，数学は少人数の授業が認められるのは，それだけ個人差がつきやすい教科だからです。
　少人数授業のよさの第一は，何といっても個に対する手厚い支援が可能であることです。教師の目が行き届き，一人ひとりの状況が確認しやすくなるので，個々の課題も明確になります。
　また，教室のスペースが広く使えることも大きなメリットです。**発達に偏りがあって支援が必要な生徒にも，妨害刺激が少なく落ち着いて学習できる座席の確保がしやすいので**，個別の指導が計画的にできます。

❷ 学習活動の目的を見据えた集団編成のポイント

　ここからは，学習活動の目的を見据えた，集団編成のポイントについて考えていきます。

① 学び合いを促進する集団編成のポイント

　学び合いは，様々な考えをもった生徒がいることによって促進されます。できた生徒が，まだできていない生徒を手伝ったり，ヒントを出したりするだけでは，学び合いにはなりません。まだ納得できていない生徒が発するふとした疑問に，できたと思っていた生徒も応えられずに混乱しつつ，まだ自分の理解が不十分であったことに気づき，より確実な理解に結びつけていく。そういった学び合いを志向したいものです。

　そう考えると，疑問が出にくい環境は，学び合いが深まりにくい状況です。**出た疑問を取り上げやすい人数であると同時に，それを解決していくための練り上げを行うのに必要な人数が適正人数**ということです。学び合いという視点から考えると，**少人数であるほどよいというのは間違い**で，必要なメンバーがいてこそ充実した学びになります。

② 到達度が同レベルの集団編成のポイント

　到達度が同じようなレベルの生徒を集めるのは，効果的な学力向上がねらいです。

　それぞれの集団には，同じ悩みや課題を抱えた生徒が集まっていますから，生徒も安心して発言しやすい環境であると言えます。教師がうまくリードすれば，生徒たちが自分たちの課題に気づき，適切な目標を設定することができるでしょう。

　ただし，集団を編成する際には，**生徒や保護者の感情に十分な配慮をする必要がある**ということに注意が必要です。

授業が上手な教師は
生徒指導も上手

　学習成績が思わしくないと，自己肯定感の低下が起こります。その結果，反社会的行為に及んだり，非社会的行動をとったりすることも考えられます。特に，継次処理が苦手な生徒は学校生活で苦戦しやすいと本文にも書きましたが，生徒指導上の問題が起こったときも，認知特性を知っていると生徒の特性に見合った指導が可能です。

　何か問題が起こると，事実関係を明らかにするために，関係した生徒から事情を聞きます。その際，時系列にこだわって聞き出そうとすると，継次処理が苦手な生徒はうまく説明できないため，教師側がイライラしてしまうこともあります。教師が勝手にストーリーをつくって誘導してしまうと，生徒も面倒になって，多少事実と異なることでも認めてしまうことになります。生徒はあれこれ思い出そうとしても，教師にたたみかけられるほど混乱し，結果としてウソや妄想が含まれてしまいます。

　そのような場合は，まず時系列と関係なく，思いついたことからどんどん話すように促し，出てきたことを付箋にメモしていきます。ひと通り話をさせた後，落ち着いた状態で付箋を並べ替えていけば，比較的正しい内容を思い出せるようになり，事実に近い状況が把握できます。

　このような手法は，数学の授業中にも無意識にやっているはずです。例えば，図形の問題に苦戦している生徒への，「わかっている数値をどんどん書き込んでごらん」という指示です。解答の道筋を順にたどるのではなく，どこでも気づいたところから手をつけ，徐々に解答に迫った後で，「そういうことだったのか」と本来の道筋に気づきます。

　誘導尋問のような生徒指導では，教師と生徒の関係を悪化させるだけですが，正しく理解してくれる教師には心を開く生徒もいます。授業が上手にできる教師は，生徒指導も上手にできるということです。

Chapter 4
気になる生徒のために！個への支援の工夫

Chapter 4
気になる生徒のために！
個への支援の工夫

1 言葉の処理を間違えやすい生徒への支援の工夫

❶ いくら＝ How much？

> ９％の食塩水がいくらかある。いま，この中から食塩水100ｇを取り出し，その後に水200ｇを入れたら５％の濃度になった。はじめの食塩水は何ｇであったか。

　上のようないわゆる食塩水の濃度の問題は，方程式の中でもつまずきが生じやすいタイプとして知られています。
　つまずきの原因は様々ですが，発達の偏りによって言葉の処理を間違えやすいために，他の生徒とは少し様相の異なるつまずきを起こす生徒がいます。具体的に言うと，"少しばかりの"という意味の「いくらか」（下線部）を，"How much？"という意味でとらえ，大きな混乱を来してしまうのです。「食塩水の問題なのに，なぜ値段が聞かれるのだろうか…」と考え込み，結果として思考が停止してしまうのです。
　実際にこのようなつまずきを起こし途方に暮れていた生徒に，言葉の意味を説明してあげると，方程式を簡単に立て，スラスラと正解にたどり着きました。

❷ 言葉の処理を間違えやすい生徒の特徴

　言葉の処理を間違えやすい生徒の特徴としては，以下のようなものが見ら

れます。

> - 理解している（できる）単語に偏りがある
> - 慣用的表現やたとえがわからない
> - 言外の意図が汲めなかったり，冗談を真に受けたりする
> - 原理，原則が抽出できない，あるいは過度に一般化する

　上記の例のように，**言葉の意味を説明すれば，問題を理解して正解に至る生徒もいる**ので，例えば，冒頭の問題を「濃さの関係を正しく理解して方程式を立てることができる」という評価規準でテストなどに出題する場合には，
　「いくらか」の言葉の意味をテストの最中に質問されて教えてあげても，決して不公平ではありません。

❸ 授業のユニバーサルデザイン化による対応

　個への支援だけでなく，授業のユニバーサルデザイン化という視点からも対応を考えてみましょう。
　一般的に，文章題の得点が低い層，特に計算はできるけれど文章題は苦手，という生徒は，問題理解段階での弱さが目立ちます。そこで，授業で文章題を扱うとき，**問題理解段階の解説のみを先に行う**という方法が考えられます。
　また，**問題の解釈がうまくできている生徒に途中まで発表させることでヒントにする**という方法もあります。必要に応じて図や表を板書しながら，学級全員の思考をいったんそろえます。
　これによって，言葉の処理を間違えやすい生徒も，きちんとスタートラインに立って，授業に参加したり，問題を解いたりすることができるようになります。

④ 文章題の問題解決4段階別の支援

　ここからは，文章題に焦点を当てて，生徒の特性に応じた支援の仕方について考えていきます。

　文章題の問題解決のプロセスは，下の図のように，①変換，②統合，③計画，④実行の4段階に分けてとらえられることがあります（メイヤーによる文章題の解決過程のモデル）。4段階のうちどの段階につまずいているかによって，有効な支援も異なってきます。

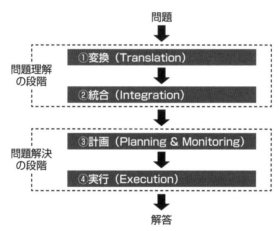

① 変換段階でつまずいている生徒への支援

　冒頭の例のように，言葉の意味がわかっていないのであれば，言葉の定義を教える必要があります。

　それとは別に，**一連の問題文をうまく読みこなせない**という生徒もいます。そういう生徒に，単に「問題文をよく読んで解きなさい」と指示するだけでは，支援になりません。上手に問題文を読むための具体的なアドバイスの例として，次のようなことが考えられます。

- ●文節ごとにスラッシュ（／）を入れながら，ゆっくり読もう
- ●声に出して読んでみよう
- ●問題文をいったんノートに書き写そう
- ●となりの人に問題を読んで伝えよう

② 統合段階でつまずいている生徒への支援

　言葉や文章の意味は一応理解できるものの，**何を問われているのかを誤って理解している，言葉や数値の関係性をとらえきれていない**，といったケースが，統合段階でのつまずきです。
　ここでは，次のようなアドバイスが有効になります。

- ●問題を自分の言葉で言い換えてみよう
- ●問題文を図や表に整理してみよう
- ●何を求めるのかを枠で囲み，必要な数値に線を引こう

　ここで注意が必要なことが１つあります。これらのアドバイスは，**生徒が実際にできるよう，目的を明示して与える必要がある**，ということです。単に「線分図をかいてごらん」と言ったところで，何のために（どんな関係を）線分図に表すのかがわからなければ意味がないからです。
　「速さと時間と道のりの関係がわかるように線分図に表してみよう」
　「食塩水の量と濃さと食塩の量の関係を表に整理してみよう」
　「何をもとの量としたときの割合なのかがわかる表をつくろう」
といったように，具体的な目的を明示してアドバイスしましょう。
　教科書やワークブックなどにもそのような図や表が載っていて，生徒もそれを目にしていますが，それはあくまで完成形を見ているだけであって，生

徒が同じものをつくることができるとは限りません。文字や数値を図や表に書き込む順番を番号表示していくと，さらにわかりやすくなります。

③ 計画段階でつまずいている生徒への支援

　言葉の世界から数学の世界への境目の段階で，統合した情報を数式化していく見通しを立てます。未知数はいくつあるのか，関係式はいくつ立つのかといった情報を見いだし，連立方程式がいいのか，二次方程式になるのか，といったことを判断します。この処理に戸惑っている場合，言葉と式を結びつけるための次のようなアドバイスが効果的です。

●方程式をつくる前に言葉の式をつくろう
●数値に単位をつけて考えよう

　式に表そうとすると混乱する生徒は数多くいます。そこで，**方程式をつくる前に，言葉と記号を用いて関係を表させ，数学の世界に導く**のです。

家から駅の間を時速4kmで歩いたら，時速20kmの自転車で行くときより2時間多くかかりました。家から駅までの距離を求めましょう。

この問題場面を立式すれば，$\frac{x}{4}-\frac{x}{20}=2$となりますが，問題場面の関係をうまくとらえられず，$\frac{x}{20}-\frac{x}{4}=2$と立式してしまう生徒がいます。

　こういったつまずきを防ぐために，右のような，言葉の関係式をつくらせ，立式の見通しを立ててから計算に取りかからせるようにします。

歩　き＝遅い…かかる時間多
自転車＝速い…かかる時間少
（多い方）－（少ない方）＝（差）

④ 実行段階でつまずいている生徒への支援

　実行段階でのつまずきは計算処理の問題なので，手続き上のつまずきなのか，不注意によるつまずきなのかでアドバイスが変わってきます。

●手続き上のつまずきの場合
　計算処理の方法を間違えているので，正しい方法を教え，必要に応じて，その方法が自動化されるよう練習を積ませる。

●不注意によるつまずきの場合
　計算過程の振り返りを促す。この繰り返しで，自分の失敗に自分で気づき，修正できるようなモニタリングの力をつける。

　いわゆる計算間違いに対する**「計算式をよく見直してごらん」というアドバイスは，計画段階を見直すのか，実行段階を見直すのかが曖昧**です。しかし，言われた方の生徒は，多くの場合実行段階の見直ししかしません。教師は「大小関係のとらえ方が間違っているから，立式の仕方が違うよ」と本当は言いたかったのに，その意図が伝わらず，生徒は計算過程ばかり見直し，いっこうに修正されない，ということになります。

　熱心な保護者の中にも「ウチの子はわかっているのに，文章題の計算でよく失敗するんです」と言う方がおられます。それもよく話を聞いてみると，統合段階や計画段階のことを言っている場合があります。それを量的なトレーニングで克服しようとしたりすると，間違いの上塗りをするだけで正解率はいっこうに上がらず，苦手意識だけが積み上がってしまいます。

　以上のように，生徒がどの段階でつまずいているのかを把握し，その段階に見合ったアドバイスができるようになることが重要です。

2 多動傾向の生徒への支援の工夫

　多動傾向が口に出る生徒は，頭に思いついたことをすぐに話し始めてしまいます。時として授業を妨げてしまい，教師をイライラさせることもあるでしょうが，そういう生徒にも得意分野はあります。このように**生徒の特性をうまく活用することも支援の方法の１つ**と言えます。

❶ 特技の「間違い探し」を生かす

　ちょっとした刺激にすぐ反応して，気が散ってしまう特徴がある生徒の特技に「間違い探し」があります。他の生徒は気にしないようなことまで気になってしまうぐらい，いろいろなところに目がいくので，ゲーム性の高い活動などには人一倍積極的に参加し，大活躍することがあります。

　例えば，**教師があえて誤りのある解答を提示し，生徒にその誤りを指摘させるような課題は，多動傾向の生徒を授業に取り込む方法の１つ**で，うまくいけば授業を活性化してくれます。計算過程で失敗しやすいところ，手続き的な誤りが起こりやすいところを教師は経験的に知っています。それをわざと誤りのある状態で提示し，

　「間違いがあるので指摘してください」

といった指示を出します（この指示を出さないと，課題に見向きもしない可能性があります）。そして，間違いの箇所と間違いの理由を答えさせます。もしかすると，間違いの箇所は指摘できても，理由を説明することは難しいかもしれません。しかし，その部分は次の生徒にうまくスイッチして答えてもらえばよいのです。

❷「チラ見せ」で食いつかせる

　間違い探しの他にも，**写真などを一瞬だけ見せる作戦や，一部を見せながらズームアウトしていく作戦なども有効**です。関係のない視覚情報に気が散ってしまう特徴があるわけですから，集中させたいときも視覚情報で興味をもたせるように提示すればよいわけです。

　例えば，平行四辺形の性質の導入では，「対辺の長さが等しい」という性質の活用として，電車のパンタグラフやバスのワイパーを見せることがあります。クイズ番組のように，
「これは一体何でしょう？」
と言いながら，**ごく一部を見せてすぐ消してしまう「チラ見せ」をやると食いついてくる**でしょう。

　ここから模型を使って実際の性質をまとめていくという授業展開にすれば，席を離れることなく集中して取り組みます。普段はむだなことばかり話すと思われがちな生徒が，積極的に意見を発信する生徒へと変わることができる瞬間です。

❸「チラ見せ」をするときの留意点

　学級に電車が趣味の自閉傾向の生徒がいる場合，パンタグラフをチラ見せすると，特有のパニックを起こすおそれがあります。
　自閉傾向の強い生徒は急な変化に脆弱で，興味のあるものを急に視界から消してしまうと，嫌がらせと解釈してしまうのです。多動傾向の生徒には効果的な支援の方法であっても，自閉傾向の生徒には危険性のある方法になってしまうわけです。

　このように，学級の生徒一人ひとりの特性をきちんと把握したうえで支援の方法を選ぶ必要があります。

Chapter 4 気になる生徒のために！個への支援の工夫

3 継次処理が苦手な生徒への支援の工夫

認知の情報処理過程（情報を頭に入れて整理し，処理して，何らかのアクションを起こす一連の流れ）には，「継次処理」と「同時処理」という２通りの系列があります。この処理の違いを意識することで，様々な指導，支援のヒントが見つかります。

❶ 継次処理と同時処理

まずは，**プラモデルを組み立てる場面**を思い描いてください。設計図には手順が示されているので，その通りに部品を枠から外し，指示通り順番に組み立てていきます。今何をしているかということが多少わかりにくくても，作業を進めていけば，確実に完成にたどり着きます。これが継次処理のイメージです。

次に，**ジグソーパズルを組み立てる場面**を思い描いてください。すべてのパーツが一気に与えられているので，ある程度のグループ分けをして，適当なところからつくり始めます。行き詰まったらいったん他の部分をやるなど，どこからつくっても構いません。順序は気にせず，全体像を手がかりにして完成を目指すわけです。これが同時処理のイメージと考えてください。

❷ 長所活用型の学習方略

どんな人でも，このような認知処理の様式を場面ごとに適当に使い分けていますが，どちらかが著しく得意，あるいは苦手な人もいます。このことをうまく活用した様々な学習方略が考えられています。

継次処理が得意な生徒には，順序性を意識させ，段階的に教えた方がよいと言われています。**一つひとつを順序よく教えて徐々に全体に広げていく**イメージです。言葉にして説明することも効果的な方法になります。
　一方，同時処理が得意な生徒には，はじめにでき上がりの見本を見せるなど，全体をイメージさせてから部分的に詳しく教えていくのがよいようです。**順序よりもそれぞれの関係性を重視して教える**ことでわかりやすくなります（図表や挿絵が提示されると理解が進みます）。

認知処理様式に基づく指導方略

継次処理型指導方略		同時処理型指導方略	
段階的な教え方	いくつかの指導ステップを経て，指導のねらいに到達するような段階的な指導	全体を踏まえた教え方	指導のねらいの本質的な部分を含んでいるような課題をはじめから提示する指導
部分から全体へ	注目させるべき刺激を，はじめは部分的に提示し，徐々に全体へ広げていく指導	全体から部分へ	複数の刺激を一つのかたまりとしてはじめから一度に提示し，刺激全体を捉えさせてから細部へ移行させていく指導
順序性の重視	番号などを用いながら，課題解決の順序を重視した指導	関連性の重視	提示された複数の刺激間の関連性に注目させる指導
聴覚的・言語的手がかり	聴覚的・言語的な手がかりを用いて課題解決を図る指導	視覚的・運動的手がかり	視覚的・運動的な手がかりを用いて課題解決を図る指導
時間的・分析的	時間的な手がかりや分析的な手法を用いて，課題解決を図る指導	空間的・統合的	空間的な手がかりを用いたり，統合的な手法で課題解決を図る指導

※藤田和弘ほか『長所活用型指導で子どもが変わる』（図書文化社）より引用

❸ 教師の指導方略と生徒の学習方略

　中には，どちらかの処理能力が極端に優れているケースもあります。これは当然教師にもあり得ることです。
　ここで注意したいのが，**教師が自分の得意な処理に偏った指導や助言に固執してしまうと，それが認知処理過程の違う生徒にはわかりにくい指導になってしまう**，ということです。
　両方のタイプの指導方法をバランスよく配置することで，どちらの生徒も混在する教室でわかりやすい授業を展開したいものです。

❹ ゆっくりやるより方略を変える

　授業の途中で腑に落ちていない顔をしている生徒が何人かいると，つい，
「もう1回ゆっくり言うから，よく聞いていてね」
と，同じ説明を繰り返してしまうことがあります。
　しかし，認知処理がうまくいっていない場合，ゆっくり学ばせてもあまり効果的ではないのです。それよりも，**順序よく話したのに伝わらなければ関係性から，関係性を説明したのに混乱したなら順序よく，といったように処理方法を変えて授業を進める**方が，わかる可能性が高まります。
　また，課題を与えるときの生徒のモチベーションにも注意を払う必要があります。継次処理の得意な生徒は，1つの課題が終わるたびに次の課題を与える，といったように，小出しにした方がやる気が持続するのです。逆に，同時処理の得意な生徒は，それではいつ終わるのかわからず，だんだん嫌になってくるので，**全体量の見当がついていて，できそうなところから取り組んでいい，という方が安心して進められる**でしょう。
　最終的に与える課題は同じでも，提示の仕方の工夫いかんで，生徒の取り組みや達成率は変わってきます。

❺ 継次処理の苦手な生徒に困難が生じやすい

　教師は基本的には教科書に沿って授業を組み立てます。その教科書は，基礎・基本にあたる説明や例題から，より難度の高い練習問題や章末問題などに向かっていきます。これは，どちらかというと継次処理の得意な生徒向けの構成であるととらえることができます。

　一方，多くの生徒にわかりやすいと評判の教師の授業を注意深く観察すると，**導入の段階で軽く全体像を見渡すような話をしていることが多く，視覚的・運動的手がかりも多く取り入れている**ことに気がつきます。教科書が継次的につくられていることを踏まえて，同時処理が得意な生徒にも対応できるように無意識的に支援しているわけです。

　しかし，**多くの一般的な教師は，話（説明）をする時間が長く，聴覚的・言語的な提示が多い**ので，継次処理が苦手な生徒にとっては苦しい時間が続き，学習への苦手意識が膨れ上がっていくことでしょう。

　また，生徒がふと思いついたことに対して，保護者や教師は，
「それよりもこれが先」
という順序優先の助言（ときには叱責）をすることが多いのも事実です。

　このほかにも，日常の学校生活がいかに継次的か，思いつくことはたくさんあります。

　生徒指導の場面でも，行動上の問題があった生徒に対して，時系列に事情を話すよう求めます。しかし，学校生活に適応できない生徒は，ここまで説明した通り継次的なことが苦手である可能性が高いので，時系列で話すことは難しいわけです。

　ユニバーサルデザインの授業づくりの中で，視覚支援をすることや，見通しをもたせることが重視されているのは，このような認知的な課題と大きく関連していると考えてよいでしょう。

❻ 継次処理が苦手な生徒に証明を書かせるために

① 「わかっていたけど書けなかった」

　テストのふり返りをさせると，
「わかっていたのに，どう書けばいいかわからなかった」
と話す生徒がいます。
　中学校の数学では，2年で整数の性質や図形の証明を学ぶあたりから，いわゆる記述式の解答を求められることが極端に多くなり，生徒はその解答方法の変化に戸惑います。特に継次処理が苦手な生徒は，理路整然と記述していくことが大変です。
　教師は，初期条件から解答を導くまでの過程を一本道で記述することを求めがちですが，実際に生徒が解いている間の思考は，必ずしも一本道ではありません。ときにわき道にそれたり，立ち止まったり，場合によっては逆走したりしていることもあるでしょう。あれこれと考えた結果，解答が得られれば，生徒としては「わかった」ことになります。しかし，生徒なりの「わかった」では，テストで得点を与えるわけにはいかないのです。
　「わかっていたけど書けなかった」という生徒は，思考が断片的です。これを一本道に整理するためには，継次的な思考をサポートする必要があります。それにはまず，**生徒にしゃべらせることが有効で，発表させるとか説明させるといった堅苦しいものではなく，自分の思考の全体像をイメージできればいいというぐらいの楽な感じがよい**でしょう。

② 会話による支援

　教師が「まずは」と声かけしてスタートします。生徒がしゃべるたびに，

「それで」「だから」「それから」「ということは」などの言葉をあいづち代わりに差し込みます。道筋がおかしくなりそうになってきたら，「どういうこと？」と聞き直すと，生徒は言葉を変えて言い直し，本筋に戻ることができます。

発語することで思考が整理されるので，その後に証明を記述せるときも筋道が通りやすくなります。接続語は最後に適当に入れれば，だいたい答案らしくなるので，生徒も自信がついてきます。

日常の授業で，**記述を要する場面でなくても，授業中にどのように解いたかを自問自答するよう促す発問を繰り返すとより効果的**な支援になります。

また，誤りがあった場合も，すぐに教師がそれを指摘するのではなく，自分で誤りに気づいて自分で修正できるような発問を心がけたいものです（そのためにも，安心して間違えることが可能な雰囲気づくりは大切です）。

③ 評価における配慮

記述式の解答は，評価の段階でも注意が必要です。書く分量が増えるため，時間がかかります。継次処理に加えて，書字機能にも課題を抱えている場合があるので，**解答の出力に要する時間が余分にかかる**ことにも配慮しなければなりません。

第2章でも触れたとおり，大学入試センター試験では，発達障害のある生徒が器用でないことが原因で出力時間がかかる場合，マークシートを塗りつぶしでなくチェックするようにしたり，試験時間を延長したりする配慮がなされています。学校で行う試験であれば，口頭試問に変えたりすることも可能でしょう。

公的な試験でも配慮が行われていることを参考に，合理的な配慮を施して，生徒の到達度を正しく評価したいものです。

Chapter 4
気になる生徒のために！
個への支援の工夫

4 実行機能が弱い生徒への支援の工夫

❶ レディネスの差にどう対応する？

　学年進行とともに，学習にかかわる一人ひとりのレディネスの差は大きくなってきます。高等学校ではある程度の学力幅で入学が制限されるので，レディネスの差が最も顕著に現れるのは中学校段階です。

　事実，中学３年生になってもかけ算九九がままならない，という生徒は少なからずいます。言うまでもなく，３年の多項式の乗法や因数分解，平方根の計算において，かけ算九九は必須の予備知識です。平方根の計算を導入しようとしているのに，一部の生徒がかけ算九九ができないことによって授業全体がストップしてしまう…というようなことでは，指導上大変困ってしまいます。

　個別に補習的な指導を行うことが可能な状況なら，できなくなったところまで戻って教えるのは有効ですが，一斉授業ではそうもいきません。また，中学３年生ともなると，小学２年の教材を渡されることなど本人のプライドが許しません。

❷ 一斉授業の中で可能な支援

　そこで，**一斉授業の中でもそれぞれの学びが可能になるようなしかけ**をつくる必要が出てきます。

　例えば，（３年の単元に限らず）**自信のない生徒には，かけ算九九表を配布し，授業中も使ってよいことにする**という方法があります。大半の生徒に

とってはまったく不要なものですから,「ズルい」といった声が上がることを心配する必要はありません。

　これによって,授業はきちんと計画通り消化できますし,新しいことを学びながら,副次的にかけ算九九を学び直す機会にもなります。かけ算九九の不安を解消することによって,本題である因数分解や平方根の学習に一層集中できるのです。

❸ 実行機能の容量に配慮する

　提示された課題に対して,生徒は効果的な方法を計画し,その進捗状況を考えながら修正し,何とか目標を達成しようとします。それを遂行する脳の働きが実行機能(ワーキングメモリ)です。

　この実行機能には,人それぞれに限られた容量があります。何らかの支援が必要と思われる生徒の多くは,この実行機能が著しく弱いということが考えられます。

　また,実行機能は状況によって残量が変化します。つまり,**低次の活動にあまり多くの実行機能を使ってしまうと,高次の活動にはもはや残っておらず,思考自体がストップしてしまう**ことになります。

　先の例で言うと,かけ算九九という中学3年生なら本来スラスラできるはずのことが低次の活動で,はじめて学習する平方根の計算は高次の活動だと言えます。したがって,実行機能が弱い生徒は,低次の活動であるかけ算九九に実行機能を使いすぎてしまうと,平方根の計算という高次の学習に対応できなくなってしまうのです。

　つまり,先に示したかけ算九九表を配布するという方法は,無駄な実行機能を使わず,他の生徒と同じぐらいの容量を高次の活動に残すことができるという点でも理に適っていると言えます。

実行機能が弱い生徒の特徴としては，以下のようなことがあげられます。

- 日常生活での友人関係に問題はないが，学習でグループ活動になると普段より口数が少なくなる
- 自分の行った活動が適切かどうか振り返ることが苦手
- 複数の情報が組み合わさった指示ではその通りできない。あるいは何をすればよいのかわからなくなってしまう
- 作業の進行状況がわからなくなる
- 課題を途中で投げ出してしまう
- 忘れっぽい，注意散漫と思われやすい
- 自分が本当に興味のあることだけに集中してしまう
- 運動が苦手，不器用と言われることがある

④ 経験が積み上がった後の学び直し

「学び直し」と「復習」は似て非なるものです。
　習い始めたときには基礎トレーニングを繰り返してもなかなか身につかなかったのに，少し経って活用場面が変わると見違えるようにできる，ということがあります。これは，**初見のころよりも様々な経験や知識が蓄積された**

結果，それらが関係し合って，同じことでも理解できる度合いが変わってくるからです。

　経験的には，例えば，中学1年で学習する文字式の計算ルールの定着がおぼつかない場合，中学2年の連立方程式あたりがよい学び直しのタイミングになるようです。文字式を使い始めて1年ほど経過し，わからないなりにも様々な経験を積んでいるからでしょう。

　最初に文字式を学習するときは，ルールを習った後，定着したかしないかのうちに計算が始まり，すぐに小数や分数を含んだ計算練習に入る…という具合に，結構かけ足で進むことになるので，理解が追いつかない生徒もいます。しかし，連立方程式で使う文字式はそれほど複雑ではなく，整数値で考えることが多いので，スムーズに取り組めます。

　さらに，文章題を題材にすれば，立式段階で文字に意味が付加されています。りんご2個分の値段を「2りんご」と書かずに「$2x$」などと書くといったように，意味が理解できます。

　このように，既習事項の理解に不安のある生徒も，うまくタイミングをはかりながらじっくり学び直しに取り組ませていくことが大切です。

❺ 教師ができないと決めつけない

　ユニバーサルデザインの授業づくりのポイントの1つとして，ねらいを明確にしてヤマ場をつくり，そこから逆算して導入を工夫する，ということがあります。生徒をひきつけて離さない，インパクトのある入口を用意できれば勝負ありです。そのためには，レディネスの違いを乗り越えて全員が参加できる，ということが必然になります。

　「かけ算九九もできない生徒に，平方根の計算がわかるわけがない」などと，教師が勝手に決めつけてはいけません。その時間のねらいと関係のない雑談で興味を引くのもたまにはよいですが，生徒の心の内側にある知的好奇心を呼び起こせるような工夫を目指したいものです。

Chapter 4
気になる生徒のために！
個への支援の工夫

5 見る力が弱い生徒への支援の工夫

　見る力が弱いことで，学習全般に困難が顕在化する生徒がいます。ここでいう「見る力」とは，身体測定の際に測定するいわゆる視力のことだけではありません。ここでは，見るべきものに素早くピントを合わせたり，ものの動きを追いかけたりする眼球運動の力や，目から映像を取り入れて，形や位置関係などを把握する情報処理の力を含めた総合的な力を「見る力」と呼びます。

❶ 眼球運動の力

① 跳躍性の運動

　いろいろなものを見渡し，瞬時に見たいものを探し出す機能です。この力が弱いと，教科書を読んでいて次の行に目を移そうとしても，1行飛ばしてしまったり，元の行に戻ってしまったりします。また，黒板の文字をノートに写していて，再度黒板を見たときに，元の位置にすぐに視線が合わないこともあります。このように，**見たいものの探索に時間がかかるので，結果として作業が遅くなってしまう**ことがあります。

② 追従性の運動

　視線を滑らかに移動させる機能です。動くものを目で追えないため，キャッチボールをすると，ボールを見失って取り損ねることがあります。**鉛筆の**

芯の動きを追うことができないと，文字や図形のバランスが悪くなってしまうことがあります。

③ 調節機能

見たいものを鮮明にさせる機能です。これは，筋肉を働かせて，目の中の水晶体というレンズの厚みを調整して行われます。

④ 両眼のバランス

片目で見ると平面的にしかとらえられない映像が，両眼で見ることによって，遠近感や立体感が生まれます。両眼で同じものをとらえないといけないので，バランスよく動かせることが大切になります。例えば，机上の本を読むときは少し寄り目になりますし，黒板の文字を読むときは正面に目を向けます。このように，**距離によって目を動かす必要があるので，うまくいかないと作業に時間がかかってしまう**ことがあります。

❷ 視覚的情報処理の力

① 形の把握

目から入った情報は，点や線による構成と色などが合わさって表現されています。それを脳の中で統合して形を認知する働きです。

② 位置の把握

見たものの動き，距離，他のものとの位置関係など，空間的な関係性を把

握する働きです。

③ 目と手の協応

目から入った情報に対して，手や体の動きで反応します。**道具を上手に使えず，不器用と言われる生徒の中には，手や体がうまく動かせないことが見る力の弱さに起因しているケースがある**ことに注意が必要です。

❸ 方眼罫ノートの活用

フリーハンドで図形をかくことが苦手な生徒は，正三角形をかこうとすると，少しつぶれた二等辺三角形になってしまうことがあります。図形を正しくかくことは理解を促進します。定規やコンパスを使って，正しくかくことが最も望ましいのですが，道具を使うことにも不慣れだと，結局時間がかかってしまいます。そこで，**方眼罫のノートを使って，マス目を上手に活用するとよい**でしょう。

例えば，正三角形をかきたいとき，底辺を6マス分の長さでとり，その中央から上に5マスのところに残りの頂点をとれば，厳密とは言えませんが，ほぼ正三角形に見えます（このマス目の使い方を知っていると，メッシュ入りの黒板が設置されている学校では，教師もフリーハンドで美しい正三角形がかけます）。

円は，半径5のものをスタンダードにしておくと，方眼罫のノートでは多くの格子点を通過しますので，非常に書きやすくなります。

また，計算ミスの多い生徒に，単に筆算をすすめても，見る力が弱いと位取りがずれ，失敗する可能性が高まります。このような生徒にとっては，縦線がガイドラインとなり，桁をそろえやすくなります。同類項をまとめるときの筆算も同様です。

このように，余分な注意を払わずに学習経験を積むことができれば，いず

れ慣れてくるので,方眼ではない通常の罫線のノートでもスムーズに学習できるようになっていきます。

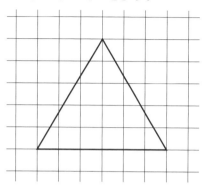

底辺を6マス分の長さでとり,その中央から上に5マスのところに残りの頂点をとれば,ほぼ正三角形に見える

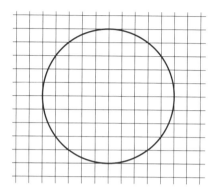

半径5の円は,方眼の多くの格子点を通過する

見る力が弱い生徒に見られやすい特徴

眼球運動の力にかかわること	視覚的情報処理の力にかかわること
●黒板の文字をノートに写すのが苦手	●文字の読み間違いが多い
●問題文を読むのが非常に遅い	●図形の問題が苦手
●文章を読むとき,文字や行を繰り返し読んだり,読み飛ばしたりする	●数的概念や量的概念の理解が難しい
●文字の順番を間違えて読む	●文字のバランスが悪い
●定規の目盛を読むのが苦手	●図形的なものを見るとき,部分だけを見てしまい,全体をうまく把握することができない
●目をよくこする	
●片目をつぶったり,顔を斜めにしたりしてものを見る	
●非常に近くに寄ってものを見る	

※奥村智人『教室・家庭でできる「見る力」サポート&トレーニング』(中央法規)を参考にして作成

Chapter 4 気になる生徒のために！個への支援の工夫

6 プランニングに課題のある生徒への支援の工夫

❶「プランニング」とは？

　ここでいう「プランニング」とは，単に計画性ということではなく，もう少し認知的に複数の処理過程を含んでいます。

```
1  課題全体を把握し
   ↓
2  見通しを立てて
   ↓
3  実行し
   ↓
4  その途中で進行の様子を客観的に眺めつつ
   ↓
5  うまくいっているか判断し
   ↓
6  必要に応じて行動を修正し
   ↓
7  課題を達成する力
```

というように考えていただくとよいでしょう。
　例えば，待ち合わせの時間に間に合うようにある場所に到着するという課題について考えます。

> まず，その場所までの地理関係，交通手段を把握しました。　　(1)
> そして，不測の事態も考慮に入れて所要時間の見通しを立て　　(2)
> 出発しました。　　(3)
> 途中，乗換駅で電車の運行状況を確認したところ　　(4)
> 遅れが生じていることがわかったので　　(5)
> 路線バスに乗り継いで向かうことにし，　　(6)
> 待ち合わせの時間までに目的地に到着することができました。　　(7)

　この一連の流れがプランニングだと考えてください。各ステップのどれか1つでも欠如したら，待ち合わせ時間に間に合うように到着するという課題を達成することはできなかったでしょう。

　例えば，**宿題を期限までに提出しない，授業中の設定時間内に課題が終了しない，といったことが頻繁にある生徒は，このステップの中のどこかに重大な欠陥がある**と考えられます。

　どこに欠陥があるのかを見極め，適切なアドバイスを行っていくことが大切です。

❷ プランニングの状態の見極め

① 課題を把握できているか

　クラス一律に同じ問題が与えられたとしても，一人ひとり重点的に取り組むべき課題は違います。

　例えば，ワークブックについて言えば，難問に時間をかけて挑む生徒もいれば，やさしい問題を繰り返し解いて基礎的な知識を定着させることに重点的に取り組んだ方がよい生徒もいます。場合によっては，**解答を写しながら**

でも仕上げる，ということが重点的に取り組むべき課題である生徒がいることもあり得るのです。
　重要なことは，**まずは教師がアドバイスしたりしながら，生徒が自分の課題が何かということを把握する**，ということです。

② どのぐらい時間がかかるか見通しが立っているか

　よく「自分のペースで勉強すればいい」などと言いますが，達成経験の積み重ねが少ない生徒は，そもそも自分のペースがどんなペースなのかがわかりません。
　教科書5ページを読むのにどのぐらい時間がかかるのか。
　基本計算10題を解くのと標準計算10題を解くのではどの程度時間が違うのか。
　自分のエネルギー，集中力は何分もつのか。
　こういった見通しは，経験を積んでより正確になっていきます。しかし，はじめは教師が支援しながらでないとできるようになりません。**教科書5ページ読むのにかかる時間を測る，解くべき問題を指定して実質時間を記録する…など，具体的な取り組み方を指導し，自分のペースというものを把握させる**ことからスタートです。

③ 実行を妨げる妨害刺激を特定できているか

　人それぞれ，計画の実行を妨げる妨害刺激があります。片づけをしている最中に懐かしいアルバムを発見し，つい見入ってしまうという場合，アルバムが妨害刺激になっています。妨害刺激への耐性が非常に低い場合，本来やるべきことがおろそかになってしまいます。
　中学生にとっての妨害刺激の代表は，漫画やゲームですが，これらは意識すれば除去できる刺激です。家族の見ているテレビが気になるのであれば，

別の部屋に移動することで妨害刺激を除去できます。また，最近は中学生の携帯電話，スマートフォンの所持率が上がり，大きな妨害刺激になっています。友だちとのコミュニケーションに必要以上に時間を割いてしまったり，調べ物をするはずが関係ないところをついクリックしてしまったりすることがあります。

　自分にとっての妨害刺激を特定し，うまく除去することができれば，学習効率は確実に上がるのです。

④　現在地を客観的に把握できているか

　テストで時間が足りなくなることが多い生徒は，途中で自分の状況をモニタリングする力に欠けています。
　普通，テストのときには時間を気にしながら取り組むものですが，それができない状況にあります。
　「時計を見ればいいのに」と簡単に考えがちですが，そのとき当の本人にはそういった発想はないのです。**例えば，テスト中に教師がタイミングをはかって時間の確認を促す**など，生徒の特徴を踏まえた支援の仕方を工夫したいところです。

⑤　本当に大丈夫か判断できているか

　時間を気にすることができても，今の状態で本当に大丈夫かどうかの判断を誤るということもあります。判断のための価値観が未発達という場合もあります。また，教師には考えもつかないユニークな発想で判断することもあります。
　生徒の生活環境や経験の積み重ねを理解したうえで，一般的な判断ができるように発達段階に応じたアドバイスが必要になります。

⑥ 行動を修正できるか

　いったん決めたことを急遽変更するというのは，一般的にかなりの負荷がかかることです。やり始めた作業を途中でやめることができないという生徒もいます。
　しかし，誤った行動をとっている生徒には，修正を加えないと容認していることになります。修正させる際に気をつけるべきことは，**「それはダメ！」と注意（ときには叱責）するのでなく，そのときに生徒がとるべき正しい行動を示してあげる**，ということです。
　例えば，未完成な提出物にこだわるあまり，次から次へと課題が膨れ上がってしまう生徒がいます。このような生徒には，
　「遅れた課題はいったんリセットして，現在取り組むべき課題からリスタートしよう」
といった助言をしてあげないと，自分では修正できません。
　ここで注意が必要なことが１点あります。**特に発達に偏りのある生徒は，急な変更でパニックを起こしてしまうことがある**のです。ですから，変更が予測される場合には，それなりの配慮が必要です。**事前に条件を明示して，切り替えのタイミングを理解させておくと**，大きなパニックに陥らなくて済みます。

⑦ 達成のレベルを判断できるか

　課題の達成レベルを自分では判断できない生徒がいます。**教師はそのレベルで十分だからとりあえず提出してほしいと思っても，本人としては完璧を期すあまり，提出できない状況**があります。しかし，いつまでも本人の目指すレベルには到達できず，未提出が続きます。
　こういった生徒には，**どの時点で完成とするかをあらかじめ示し，到達で

きたことをしっかり評価してあげることが必要です。そうしなければ，本人はいつまでもできていないと思っていますから，自己肯定感はどんどん下がっていきます。

　教師が生徒をよりよくしたいと思ってかける言葉が，本人を混乱させるときがあるということに留意したいものです。

❸ プランニングの力を育てるには

　プランニングは，課題を実行する力を支える重要な機能です。上手に処理できる能力があっても，プランニングがうまくいかず，せっかくの力が発揮できないことがあります。

　中学生ぐらいになると，様々な経験の積み上げがあり，振り返りもできるようになってくるため，プランニングの力を育てるには適正な時期であると言えます。

　「その方法でよかったのか」
　「もっとよい方法はなかったのか」
といったことを様々な場面で考えさせることで，プランニングの力が育つとされています。

Chapter 4
気になる生徒のために！
個への支援の工夫

7 選べない生徒への支援の工夫

　ここでは，自由に選ぶことが極端に苦手で，大きなストレスを感じている生徒の特徴と支援の方法について考えます。

❶ 方法が指定されていたら解けるのに…

　自己評価などを行うアンケートで，迷いに迷った末，結局すべて５段階の３にしてしまう生徒がいます。面倒なだけで何も考えずに全部３にしてしまう生徒もいますが，それとは違って，あらゆる場面を想定し過ぎた結果，選ぶことができずに真ん中にしてしまうという思考が特徴です。
　次に，数学の学習にかかわることを考えてみましょう。
　連立方程式の学習では，代入法と加減法を順番に扱います。どちらも扱った後は，どちらとも指定されずに与えられた問題を解くことになりますが，ここで混乱を起こしてしまう生徒がいます。**方法が指定されて解くのであれば，どちらの方法でもすらすら解くことができるのに，どちらでもよいという状況ではどちらかを選ぶことができず問題を解けない**，という不思議な状況です。
　多くのテストでは方法が指定されず，単に「連立方程式を解け」という問題になりますから，このような生徒はうまく解答できないことがあります。発達の偏りに原因があることが考えられるので，結果だけを見て，この生徒が連立方程式を解けないと判断するのは早計です。

❷「見たらわかる」ではなく言語化する

　ハンバーグにしようか，パスタもいいな，お寿司もおいしそうだ…。ショッピングセンターのレストランフロアをぐるぐる回ると，どのお店も気になってなかなか１つを選べません。しかし，ここに条件がつくと選びやすくなります。例えば，「実家から年配の両親が来たので和食」という条件がつくと，お店の種類はぐっと絞り込まれます。

　この例のように，何の条件もないと迷ってしまう場面でも，条件や判断基準が明らかになることで，その迷いが解消されることがあります。数学の問題についても，**どの解法が最適かという判断の手がかりをきちんと教えることで，生徒も対応できる場合が多くなる**のです。

　教師は，問題を見た瞬間，直感的に第一の解法をイメージできます。もしうまくいかなくても，次の方法…というように，経験に裏づけられた感性で有効性の序列ができます。この**教師の経験を，言葉で伝えてあげるのがよい方法**です。

　例えば，

「問題の式が $y=$ …となっていたら，代入法が便利」

といった簡単な一言でも，これが指針となって，安心して取り組めるようになります。

　このような生徒は，**「見た瞬間パッと」ということが非常に苦手ですが，理屈で説明すると納得できることが多い**のも特徴です。従って，言葉にするということが大切なのです。

　実は，教師の中にも言葉にすることが苦手な人は少なくありません。経験的にわかってしまうことを，改めてわかりやすい言葉にしようとすると戸惑うかもしれません。しかし，言語化することで，自分の頭の中も整理されますから，経験が理論になっていきます。ぜひ取り組んでみてください。

Chapter 4
気になる生徒のために！
個への支援の工夫

8 計算が合わない生徒への支援の工夫

　計算結果が合わないと，何でもかんでも「計算ミス」の一言で処理する生徒は多いですが，数学の教師としては，計算が合わない原因を見極め，適切な助言をしなければなりません。
　計算が合わないという事象は，大きく分けて2つ考えられます。**1つは計算手続き上の誤り**，もう1つは**計算過程でのモニタリングの誤り**です。ここでは，生徒が簡単に計算ミスと言う現象を，少し詳しく見ていきます。

❶ 計算手続き上の誤り

　計算手続き上の誤りについては，計算ミスというより，計算方法を誤って処理しているという状態です。全体的な誤りもあれば，条件のついた部分的な誤りもありますが，いずれにしても正解は得られません。
　このような生徒は，誤った理解のもと同じ手続きを踏んでいますから，同じ間違いを繰り返します。ですから，
　「もう1回落ち着いてやってごらん」
と言っても，もう1回ゆっくり間違えます。つまり，この**生徒が身につけている誤った計算手続きのプログラムをアップデートして，正しいプログラムに書き換えない限り，正答は見込めない**のです。
　例えば，$2 \times x = x^2$としたり，$x \times x = 2x$としたりしている間違いは，文字式のルールの段階で誤った理解をしている全体的な誤りで，再定義が必要です。これに対して，$5x - 3x = 2x$とできるのに，$5x - 4x = 1x$としたり，$5x - x = 5$としたりするのは，xの係数が1のときという特定の条件のもとで起こる部分的な誤りです。

全体的な誤りの場合，教師も気づきやすいですし，生徒は自分でも内容を理解していないという自覚があります。しかし，**部分的な誤りの場合，多くの問題に正解できるので，生徒にわからないという自覚が生まれにくく，自分から質問することはほとんどない**のです。

　小学校のころから継続的に起こっていても，部分的な誤りはなかなか発見できません。筆者の経験では，繰り下がりを含む減法の計算で，0が含まれる問題だけ間違う生徒がいました。全体としてみれば9割以上正解している状況で，自分では気づかないまま長い間放置されてきました。

❷ 計算過程でのモニタリングの誤り

　数学の教師でも，うっかり間違うことはあります。授業中に解いて見せた計算が，準備した正解と一致せず，立ち往生している教師をときどき見かけます。筆者自身にもそういう経験があります。

　しかし，経験が豊富だと，出した結果が何となくおかしいという勘が働き，おかしいと思ったときに間違えた場所を短時間で発見できます。これがモニタリングという能力です。

　初学者である生徒は，モニタリングの力が未発達なことで，うっかり起こしてしまったミスに気づきにくく，気づいたとしても誤りの箇所を発見するまでに時間を要します。これは，本当にミスと呼べるミスですが，それを減らすために助言をしてあげるべきです。計算のルールは知っているわけですから，本人が意識することで減らせるミスはあります。

　しかし，ミスの頻度が多い生徒に対して，
「落ち着いて計算しなさい」
と言ってもほとんど効果はありません。落ち着いて計算する方法を教えるのが支援です。

　例えば，**書字が不安定な生徒は，文字サイズがそろわないため，位取りがずれてしまったり，繰り上がった数を小さくメモしても自分で読み間違えた**

りすることがあります。無理やりノートの罫線に合わせた文字を書こうとしても、手指の動きにフィットしない罫線では邪魔になります。むしろ手指の動きに合わせて目一杯大きく書くことを意識すると、文字サイズがそろうので、ミスが減ってきます。だから**十分なスペースの計算用紙があるとミスが少なくなる**のです。

　また、ADHDの診断を受けているような多動性が目につく生徒の場合、ゲーム性が高いと喜んで取り組みます。スピードチャレンジなどは大好きです。このような生徒には、もはや「ゆっくり落ち着いて」などというアドバイスはまったく効きません。むしろ、この**スピード感を生かしてあげる方がよい**かもしれません。暗算で失敗している状況をみると、

　「しっかり筆算でやりなさい」

とアドバイスすることが必須だと考えがちですが、それが本人のよさを消してしまう場合があることにも注意が必要です。

　このような場合、**検算の工夫を教えてあげる**と効果的な場合があります。検算というと、はじめから同じプロセスをたどることを生徒は考えがちです。同じプロセスをたどることで気づくミスもあるかもしれませんが、検算の工夫とはそういうことではありません。例えば、「10－3＝7」となったとき、「7＋3」を計算して、元の「10」になるかどうかということです。方程式の問題ならば、出た x の値を問題の式に代入したときに成り立つかを調べるということです。

　これを教えておくことで、勢いよく、気持ちよく計算でき、時間が余っていれば検算もできるので、正解率が上がります。

❸ 文章題の答えの吟味

　文章題に対して、方程式をつくって解を出した後は、解の吟味が必要になります。二次方程式になると解が2つ出ても、中学校レベルの問題であれば、そのうちの1つは明らかに当てはまらないことが多いので、無意識に吟味を

しているはずです。

しかし，このような解の吟味は，できるだけ意識的に行いたいことです。そこで，

「その解は本当に大丈夫？」

という問いかけを，１年生のうちから意識的に繰り返すのです。面積が負の値になるなどの明らかに変な答えはわかりやすいのですが，自動車の速度が時速150kmだったり，食塩水の濃度が50％だったりという程度だと，意外に生徒は気づきません。日常場面に照らし合わせて考えたとき，明らかにおかしいと気づくようになると，モニタリングの力がついてきているということになります。

このような習慣がついていると，単純な計算でもミスに気づきやすくなってきます。

❹ 一斉授業で身についた誤りは，個別に解消

一斉授業の中で教師は，間違えやすいところを念入りに説明しているはずです。それにもかかわらず，誤った方法を身につけてしまっている生徒は，再度授業で取り上げたとしても，改善される可能性は低いと言わざるを得ません。

教師は間違えている生徒のために授業をしているつもりでも，当の生徒はちゃんと聞かず，正解している生徒だけが熱心に聞いている，というのがオチです。

事前に誤答予測をしっかりとして，間違え方を見破り，その生徒にズバリアドバイスすることで改善に近づきます。

Chapter 4 気になる生徒のために！個への支援の工夫

9 作図につまずく生徒への支援の工夫

　中学１年生が作図の学習でつまずく理由はいくつかあります。生徒がかなり苦戦するのがコンパスの使い方ですが，これは小学校からもなじみの道具ですので，教師はあまり意識していません。しかし，「使えて当たり前，今さら何を」などと思ってはいけません。こういうときこそていねいに指導して，後になって困ることがないようにしておく必要があります。

❶ コンパスの使い方の指導

　右利きの生徒であれば，時計回りに４時ぐらいの位置から回転を始めると楽に円がかけます。**どこを持つのかがわからない生徒や，ネジが少し緩んだだけで「壊れた」と言ってやる気をなくす生徒もいる**ので，こういったことへの指導も必要です。

　最近は文具メーカーが不器用な生徒でも上手に円がかけるコンパスを開発していますが，少々高価なので用意できない場合もあります。廉価な道具でも学習上の不利が出ないよう，基本的な使い方を指導してから本題に入った方が，結果的にスムーズに学習が進みます。

❷ コンパスの使い道の指導

　「コンパスは何に使う道具？」と聞くと，ほぼ100％の生徒が「円をかく道具」と答えます。これ自体誤りではありませんが，円をかく道具で直線や角

を二等分するというのは,ちょっと考えて結びつくはずがありません。

まずは,暗黙の了解に頼らず,**道具の使い道を正しく再定義することが必要**になります。ルールの明確化です。ここでは,「長さを写し取る道具」と決めておくのがよいでしょう。生徒のコンパスは,片方が針で,もう片方が鉛筆になっているものですが,海図などで使うコンパスは,両方とも針になっています。これを紹介すれば,「長さを写し取る道具」という意味が視覚的に確認できます。

さらに,生徒は円というものを漠然としたイメージでしかとらえていなかったはずです。「円とは,ある1点から等しい距離にある点の集まった図形」という定義を教えることで,「円はコンパスでかく」という理解から,「コンパスを使うと円がかける」という理解に変わっていきます。

この手順を踏むことによって,「コンパスは長さを写し取る道具」と理解され,垂直二等分線の作図などにコンパスが必要となることの意味が理解できるようになっていきます。

❸ 定規とものさし

数学において,定規は「平面上の2点を通る直線を引く」道具です。「長さを測る」道具はものさしです。しかし,市販されている定規には目盛が入っているため,このあたりのことを誤解している生徒は少なくありません。「目盛があるのだから,それで測ればよい」という思いがあると,作図の学習は無意味なものになってしまいます。

ここも,教師が手間を惜しまず,まずは**ルールを明確にして指導することが,結局はスムーズな理解につながっていく**のです。

他教科と足並みを
そろえることの意義

　進学塾で与えられた大量の難しい問題をこなすほどの生徒から，教科書の例題でアップアップしている生徒まで，生徒間に大きな学力差がある学級で，一律に多くの課題を与えることはあまり好ましくありません。

　教師は，数学が苦手な生徒に対して「勉強しないからできない」と考えがちですが，数学の学習内容はそれほど簡単なものではありませんから，むしろ「勉強ができないからしない」と考える方が自然でしょう（多くの教師は，そのことを知っていつつも，評価の平等性の確保に苦慮しているところでしょう）。

　先に，「解答を写しながらでも仕上げる，ということが重点的に取り組むべき課題である生徒がいることもあり得る」と述べました。もはや意欲を失っている生徒が，どのような動機で課題に取り組むかという点について，教師は何らかの示唆を与える責任があります。

　数学という教科の特性を考えれば，答えを写すだけでは学力の向上にはつながりません。しかし，他教科にも目を向ければ，写すことだけでも知識が増え，学習の土台となっていくことはあります。だとすると，その生徒の学習を支えるためにも，各教科の課題への取り組み方の足並みをそろえ，「きちんと締め切りまでに提出できた」という事実をほめることが大切になってきます。

　生徒が将来就職したとき，上司や取引先に提出する書類を期限までに出せないと，仕事をしていくうえで非常に困ります。つまり，「きちんと締め切りまでに提出できる」力は，社会生活に直結する大事な力であり，このような社会的スキルのトレーニングも中学生には重要です。通知表の成績には直接反映されないことかもしれませんが，課題に取り組む基本姿勢もしっかり身につけさせたいものです。

Chapter 5
ちょっと待った！
授業の"当たり前"に潜む落とし穴

Chapter 5
ちょっと待った！
授業の"当たり前"に潜む落とし穴

1 文房具をそろえる

　学級全員の学習環境が一致していると，授業は非常にやりやすいはずです。授業のユニバーサルデザイン化を考えるとき，「そろえる」ということをキーワードにして説明することもあります。スタートラインをそろえる，思考をそろえる，など，そろえるものはいろいろです。ここでは道具をそろえることについて，その効果だけでなく弊害も見ていきます。

❶ みんな同じだとわかりやすい

　学年に応じて文房具をそろえている小学校があります。「〇〇小スタンダード」といった言い方で，学習環境を整然とさせて，授業に集中できるようにしています。筆箱には鉛筆5本・消しゴム・赤青鉛筆・定規，算数のノートは12マスの罫線…といった具合です。教室の後ろのロッカーなどもきちんとそろっていて，気持ちのいいものです。
　まだ集団での学習に慣れず，**自分なりの方法が確立していない小学校低学年では，このように全員の持ち物をそろえるのは効果的**です。机の上に教科書，ノート，筆記用具を並べても落としたりしないように，上手に置く方法を写真で示すなどの工夫を行っている学校もあります。このようにすれば，授業中に筆箱を落として集中が途切れたり，時間を無駄にしたりするようなことも減ってきます。

❷ ノートに合わせた板書でわかりやすくする

　クラス全員のノートの罫線をそろえることは，小学校低学年では効果的で

す。まだ文字を書くことすら大変な子どもたちが，黒板に書かれた内容を一時的に覚えて，それを手元のノートに書くというのは，脳の実行機能を考えると大変な負担がかかっています。そこで，全員が12マスのノートをそろって持っていれば，教師が黒板に横12文字以内で書くと，見た目もまったく同じように子どもたちはノートをとることができます。

　しかし，教師が無意識に板書してしまうと，子どもはマス目に合わせて書いていったとき，数字の途中で改行されてしまったり，改行すべきところでも詰めて書いてしまったりして，見やすいノートにはなりません。

　学習上の暗黙の了解が得られていない段階の子どもたちにとって，このような支援は重要で，学びの段階が上がっていったときに徐々に足場を外していけばよいわけです。**教師が指示して持たせた道具と授業を連動させたことで，子どもたちのだれもが取り組みやすい授業ができ上がる**わけです。これが持ち物をそろえることの効果と言えます。

❸「みんな同じもの」の落とし穴

　発達に偏りのある子どもは，手指の巧緻性に不安を抱えていることが多く，不器用と言われることもあります。

　学年進行とともにノートの罫線の幅は細くなります。学年でノートが指定されると，その幅に収まるように文字を書かなければならないわけですが，それができません。**もっと太い罫線や大きなマス目なら何とか書けるのに，ノートが指定されているためにうまくいかず，結果的に勉強に対する自信と意欲を失ってしまう**のです。これは，持ち物をそろえることの大きな弊害と言えます。

❹ 個別の配慮とアドバイスで対応

　小学校も高学年になってきて，板書内容も増えると，教師としてもいちい

ち文字数など気にしていられません。中学校になれば，なおさらです。生徒の発達段階にもばらつきが出てくるので，適正な文房具を使わせることなども必要になってくるでしょう。

　中学生になると，市販されているノートを自由に選ぶことが多くなります。その際にも，選び方のアドバイスを教師がすることが重要です。

　一般にはA罫，B罫が店頭に多く並んでいますが，太い方のA罫であってもうまく書けない生徒は何人もいます。**鉛筆を動かすような微細運動が苦手な生徒には，もっと太いU罫やUL罫，方眼のノートを活用させた方がよい**場合もあります。

ノートの罫幅の一覧

C罫	B罫	A罫	U罫	UL罫
罫幅5mm	罫幅6mm	罫幅7mm	罫幅8mm	罫幅10mm
あいうえおか	あいうえお	あいうえ	あいう	あい

❺ 生徒に合った学習道具を使わせる

　中学校に入学してしばらくすると，数学では文字式の学習が始まります。分数式が出てきたとき，書き方を指導しなければ生徒の書き方はバラバラになります。ノート2行で1つの分数式をゆったり書く生徒もいれば，1行の中に分母と分子を詰め込む生徒もいます。中には，ほとんど罫線を無視して書く生徒もいます。

　いずれにしても見やすく書くことが求められるので，指導が必要な事項です。**4月にノートを購入させる前に，様々な罫線の幅やマス目の大きさを試し書きさせて，書きやすいものを選ばせる**とよいでしょう。特に，**物事に強**

いこだわりのある生徒は，後からアドバイスしても効き目がないということに注意が必要です。

　筆記用具についても，生徒に合ったものを使わせると，学習がスムーズに進みます。巧緻性の低い生徒が，太くて濃い鉛筆を使ってしまうと，手でこすれてしまい，ノートが真っ黒になってしまいます。そうかといって，シャープペンシルを使わせると，筆圧の調整がうまくないため，すぐ芯を折ってしまって，筆記に集中できなくなります。そのような生徒には，**0.7mmや0.9mmのシャープペンシルを使わせると効果的**です。0.5mmより芯が太いので多少筆圧が強くても折れることがなく，鉛筆と違って先が丸まってこないので，ノートが真っ黒になることもありません。

　最近は文房具メーカーもこういったことに注目しており，もちやすい定規や回転させやすいコンパス，左利き専用の文房具全般など，一人ひとりが使いやすいものを提供しています。書いては消し，を繰り返す生徒を見つけたら，ぜひ相談にのってあげましょう。

❻ スタンダード作成上の留意点

　スタンダードを作成するのは，あることが苦手な生徒にもやりやすくするためです。つまり，**何かが苦手な生徒を思い浮かべながら設定し，その生徒の苦手さが顕在化しないようにするための１つの方法**なのです。その生徒にやり方が定着すれば，学年が進行して教師が変わっても，ずっと安心して取り組むことができるというわけです。決して学校が生徒を管理するために定めるものではありません。

　しかし，スタンダードやユニバーサルデザインが流行ってきたので，他の学校のスタンダードをまねただけのスタンダードをつくる学校が見受けられます。それが学校の生徒の実態に合っていないと，規準がクリアできず，かえって苦手意識を顕在化させる生徒を増やすことになってしまいます。

　特定の生徒を排除してしまうようなスタンダードなら，ない方がマシです。

2 問題解決型の授業の組み立て

いわゆる問題解決型の授業過程には,おおよそ以下のようなステップがあります。

> 1 問題から学習すべき課題を把握し,
> 2 解決の予想を立て,
> 3 予想に従った自力解決を目指し,
> 4 クラスで話し合って一般化し,
> 5 それが他の場面で使えるかを確かめて,
> 6 まとめる

多くの数学教師が標榜する授業の組み立てとも言えますが,支援の必要な生徒がつまずくポイントも多く潜んでいるということに注意が必要です。

❶ 学習課題を把握する段階

生徒が問題を理解し,その中にある課題を発見することがこの段階の目標です。課題性を意識せず,ただ答えを求めることだけに猪突猛進する生徒や,問題が難しすぎて,やる気すら起きない生徒は,問題解決型の授業の効果を得にくくなります。

まずは,生徒が関心をもてる問題でスタートすることが基本です。生活体験に基づいて考える問題などが定番ですが,答えや過程に意外性のある問題もおすすめです。既習事項との共通点や相違点に気づくように促し,新しい概念との接点を見出します。

ただし，支援の必要な生徒の中には，共通点や相違点を見つけるのが苦手という特性をもっている生徒もいます。また，新しい概念の導入の必要性を納得させないと，猪突猛進型の生徒は止められません。課題の意味理解を補助するためには，**図表を用いるなどの「視覚化」**を行うこと，**自分の言葉で言い直したり簡単な数で確認したりする「特殊化」**を行うことなど，授業のユニバーサルデザイン化でおなじみのキーワードを含んだ活動がコツになります。

❷ 解決の予想を立てる段階

自分の直感で，大雑把でもよいので予想を立てさせます。他人まかせにせず，**自分なりの予想を立てることが大切ですが，不安の強い生徒や自己肯定感の低い生徒はこういった活動が苦手で，どうしても人に頼りがちになる**ので，学びの深さが半減してしまいます。また，既習事項を活用したり，実験したりするので，既習事項の知識が不十分な生徒はこの段階につまずくことがよくあります。

ともかく，自分自身の予想をもつことができるようにする，ということが支援の最優先事項です。ですから，**予想できない生徒が少なからずいそうなときは，選択肢を用意してどれに所属するか選ばせる**，という方法も有効です。既習事項の定着が不十分な生徒が多そうな場合には，教科書やノートの参照先をていねいに提示しましょう。

❸ 自力解決の段階

自分としてはこういう結論，というものを一人ひとりに出させます。それは必ずしもベストなものでなくてもよいですし，こうやったけどうまくいかなかった，という失敗の結論でも構いません。次の話し合いに参加する基盤をつくることが大切です。

前段階から引き続き，既習事項の定着不足は困難を引き起こします。また，授業時間は無限ではないので，作業の遅い生徒は結論にたどり着けずにつまずくことがあります。

　まずは，生徒の活動が順調に進んでいるかを把握することが大切です。**問題の難易度によっては，事前にヒントカードを用意しておいて，適宜提示するのもよい**でしょう。作業に遅れが予想される生徒には，電卓を使わせるなど，作業を加速させる支援が必要です。

　自分の解決がうまくいかないことに気づき，やる気を失いそうになる生徒を見つけたときの対応も重要です。**作業の残り時間を考慮しながら，別の方法を考える，うまくいかないままでよいのでその理由を考える，など明確な指示を出し，活動を最後まで継続させる**ようにしましょう（逆に，早く完了した生徒には，発表構想を整えるよう指示を出します）。

　2，3の段階からグループ学習を取り入れることもありますが，一人ひとりの成長を支援するという意味では，やはり自力解決が望ましいでしょう。

❹ 一般化の段階

　集団で思考することで，考えを深め，共通点や相違点に着目しながら方法や考え方を一般化していく段階です。したがって，自分や他者の考え方の本質を見極めることの苦手な生徒はうまく議論に参加できません。

　また，コミュニケーション上の困難を抱えた生徒は，せっかくよい考えをもっていても，他者に伝えられない可能性があります。

　教師は，**共通点に注目するのか，相違点に注目するのか，といった論点を明確にして議論を誘導する**ことが大切です。発表の順番を教師が意図的に決めることが必要な場合もあります。

　また，**よい考えが埋もれないよう，多様な表出方法での発表を認める**ことも大切です。言葉で上手に話せないときに，実物投影機でノートを見せたり，板書させたりするのはよい支援方法です。生徒の実態によっては，小学校で

よく見られる，発表のひな型(「…を…したら，…がわかりました。なぜかというと，…だからです」といった共通の発表形式)をつくることも１つの方法として視野に入れておいた方がよいかもしれません。

問題解決型の授業では，生徒から考えがたくさん出たことで教師が満足してはいけません。多様な考えの中から考えを深め，望ましい方法に気づいてこそ効果があります。生徒の考えを出しっぱなしにするのではなく，生徒がストラテジーを獲得できるよう授業をコントロールしましょう。

❺ 他の場面で使えるかを考える場面

集団思考で導いた結果が，他の場面でも適用できるかを試してみます。４の段階で，望ましい方法を一般化しているにもかかわらず，自分のやり方にこだわってしまう生徒は，ストラテジーを獲得できていません。

授業内容が共有されたかどうかを確認する場面なので，この段階で生徒に大きな負荷をかける必要はありません。**全員が望ましい方法を身につけたかどうかチェックするために，簡単な問題を解かせればよい**でしょう。

❻ まとめの段階

次の課題に対する動機づけをします。はじめの問題の解決方法をまとめるだけで十分なレベルの生徒から，発展的な問題へのステップアップを考えるレベルの生徒まで，自分のレベルに合った振り返りをさせます。

知識だけでなく，考え方を含めて自分の言葉でまとめさせることが大切です。ただし，**まとめ方のヒントを，一人ひとりのレベルに合わせて提示してあげる**必要があります。言葉でまとめる，図表で表す，式で表すなど，多様な方法で取り組ませます。

発展的な問題を考えたい生徒には，条件を増やしたり変更したりする場合がどうなるのかを考えさせるのもよいでしょう。

Chapter 5
ちょっと待った！
授業の"当たり前"に潜む落とし穴

3 多様性への配慮

　学びのユニバーサルデザイン（UDL）は，生徒一人ひとりの学びの多様性に配慮しながら，生徒を自分で学ぶことのできる人間に育てようとするものです。しかし，多様性を認める，ということを拡大解釈し過ぎると，生徒の思考や活動の方向性がバラバラになり，目標の定まらない授業に陥ります。

❶「その解き方もいいね」

　数学の問題の中には，いろいろな解き方が考えられるものがあります。教師は，**生徒があげた解法に対して，「その解き方もいいね」と何気なく評価しがちですが，こういった言葉かけには注意が必要**です。
　例えば，一次方程式の利用で扱う簡単な文章題の中には，方程式を立てなくても解けてしまう問題があります。そのため，ある生徒は小学校で学んだ解き方で解いてしまうかもしれません。また，ある生徒は，数値を当てはめ，トライ＆エラーを繰り返しながら解を見つけ出してしまうかもしれません。
　単元の導入の場面ならこれでよいかもしれませんが，一次方程式の利用の場面であることを考えると，これは「考え方の多様性」で済まされるべきことではありません。**このような状況をつくらないように，教師が解法を指定したり，目標を明確に提示したりする**必要があります。

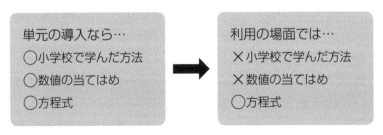

❷ 適切であることの判断基準

2年になると，今度は連立方程式を指導します。ここでも，わざわざ2文字を使って連立方程式を立てて解くより，1文字の一次方程式を立てて解く方が簡単な文章題があります。

しかし，この「問題」で，連立方程式を利用するという「課題」の達成を目指すのであれば，授業では「連立方程式を用いて解きなさい」というように，解法を指定する必要があります。

一方，学習が進み，どちらがより適切な方法であるか判断することが「課題」になったら，どちらの解法で解いてもOKという状況はあり得ます。しかし，この場合には，**適切であることの判断の基準をあらかじめ明確にしておく必要がある**わけです。

適切であることの判断基準には，様々な観点があります。例えば，「分数や小数にならないほうが後の処理が容易である」「求めたいものを直接文字で表すことで解答にスムーズにたどり着く」といった，数学としての価値観を提示します。観点が変われば，良し悪しの判断も変わってくるということを指導できる場面にもなります。

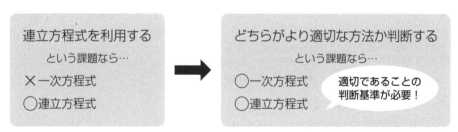

❸「多様性に対応する」とは？

例えば，文章題を解くときに，問題の状況を把握するために絵をかく生徒

がいれば，数値を整理するための表をつくる生徒もいます。これらの操作はいずれも，立式する過程で頭の中を整理する行為ですが，動作性の強い生徒と言語性の強い生徒の特徴がよく表れている例と言えます。これが「多様性」です。

その後，どの方法を優先して授業を展開するかというところには，教師の特性がかかわってきます。**生徒にも認知上の多様性があるように，教師にも認知上の多様性がある**のです。ときには，教師が優先した方法が，目の前の生徒の多くにとってベストとは言えない場合もあるかもしれません。

また，自分の解答を発表させる場合にも，その方法について，生徒のやりやすさ（黒板に書く，ノートを実物投影する，身振り手振りでがんばる…など）に配慮する必要があります。

つまり，生徒が目的とする課題を達成するため，あるいは教師がその成果を適正に評価するために，**目的ではないところには余計な負荷をかけない，ということが，多様性に対応することのポイント**です。

❹ 採点基準の明確化

評価規準が不明確だと，テストが終わった後，採点基準づくりで同僚と意見が食い違ったり，返却した答案に生徒や保護者から問い合わせが来たりします。後味の悪い状況をつくらないよう，**出題の意図がはっきり伝わる問題**をつくらなければなりません。

上の連立方程式の例で考えると，連立方程式を立式して解く「技能」を評価したいのであれば，「連立方程式を立てなさい」という小問をつくることで，その評価の方針が明確になります。合理的でよりよい方法で問題を解く「数学的な見方」を評価したいときは，判断基準（分数や小数を使わずに済む，直接的に解にたどり着く…など）を授業中に明らかにしたうえで評価問題を解かせるべきです。

その問題で求められていること，つまり出題の意図が何かを生徒全員が理

解できるように提示していきましょう。

❺ 適切なアドバイスを目指して

　テストや学期の節目に，生徒と個別に学習相談をすることがあります。そのときには，特に，学習がうまくいっていない生徒に時間をかけて対応することになるでしょう。
　自分の特性を経験的に理解して，自分にとってのベストな方法を知っている生徒がいる一方で，自分にはベストとは言えない方法しか知らない生徒もいます。教師が自身の経験に基づいて「このようにしたらうまくいった」という方法を提示してあげることも大切ですが，生徒自身がうまくできるようになる方法を提示してあげることがもっと大切です。
　生徒によりマッチした方法を提示するためのコツが１つあります。それは，**様々な場面を想定して，対極的な２つの方法を準備しておく**ことです。生徒の日ごろ行っている勉強方法が，どちらの方法に近いかを確認して，順調ならば「その調子」と励まし，不調ならもう一方の方法を試してみるよう促します。
　それが生徒にフィットすると，劇的に改善されることもあります。

対極的な方法の例

とりあえずやってみる⇔理屈で考えてからやる
似た課題をやる⇔順番にやる
図表で考える⇔言葉で考える
一覧表にする⇔フラッシュカードにする
黙読する⇔音読する

Chapter 5 ちょっと待った！
授業の"当たり前"に潜む落とし穴

4 学習の転移

　あることを学習した結果，その後の類似した内容の学習を容易にする現象を「学習の転移」と言います。学習の転移が起こりにくいとは，学んだことが生かせないということです。つまり，例題がわかっても練習問題が解けない，作為的な問題は解けても実生活への活用ができない，といったことです。授業では，転移が起こりやすくなる働きかけを心がける必要があります。

❶ 基礎・基本≠簡単なこと

　丸暗記は，覚えた範囲でのみ使える知識であり，応用範囲が限られていますが，論理や理屈で覚えると，同じ論理が使えるすべての課題に対応できるようになります。基礎・基本とは，簡単にできるもののことではなく，法則や定理を導くための考え方，あるいはそれに必要な知識・技能，ととらえると，学習の転移につながりやすくなります。

　全国学力・学習状況調査のB問題では，まさに学習の転移が起こっているかどうかを試しています。理屈がわかって，その考え方が使える場面と使えない場面の判断ができるように基礎・基本を定着させることが，学習の転移を導く第一歩になります。

❷ 問題を別の視点から考えさせる

　大量の問題を繰り返し練習することは，学習の初期段階では重要です。計算方法などが自動化されるまで訓練することの意味は大いにあります。しかし，**学習の転移を期待するときは，1つの題材を別の視点から考えることが**

よいと言われています。

　こういった指導は，小学校の低学年から既に実施されています。例えば，小学2年で，2×6＝12，3×4＝12というように，計算結果を求める学習をした後，○×□＝12となるような○と□は何かと問います。これはかけ算九九という題材を別の視点から眺めた指導例です。

　中学1年では，まず一次方程式の解き方を教え，それを活用して文章題に取り組みます。その際，**一次方程式を使って解く文章題をつくるという課題に取り組ませると，学習の転移が起こりやすくなる**でしょう。

　このように，ちょっとした指導の工夫で学習の転移を起こりやすくすることは可能です。

❸ 具体的な振り返りから，一般化を目指す

　多くの中学校では，定期テストの1週間～3日前ごろから部活動が休みになり，生徒はテスト勉強に励みます。このテスト勉強をより効果的に行うポイントの1つが，前回のテストの振り返りです。

　テストが終わった後，生徒に振り返りシートを書かせる学校は少なくないはずです。その多くは，各教科の点数を記入し，ひと言反省を書き，さらに次の目標を宣言するといった形式です。

　これは大変よい方法ですが，ここで重要になるのが反省の内容です。**単に「計算ミスをした」と事実を記録するだけでなく，なぜ計算ミスをしたのか，自分はどのような計算ミスが多いのかを分析的に振り返らせることが大切**です。また，成績不振の要因が勉強不足だったのであれば，勉強不足に陥った要因は何か（取りかかりが遅かった，教科ごとに配分する時間を誤った，など）を追究することも大切です。

　このように，学習の転移が期待できる振り返りであってこそ，次回より効果的なテスト勉強ができるようになるのです。

❹ 時事問題を扱う

時事問題を扱うことも数学において学習の転移を促すのに有効な方法です。この原稿を執筆し始めた2014年に起こった出来事にも，数学に結びつけられる話題がいくつもあります。例えば，皆既月食で相似の位置を具体的に説明できます。テニスの錦織圭選手の話で導入し，三平方の定理や垂直二等分線の作図でグラウンドにテニスコートをつくるのもおもしろいでしょう。衆議院選挙における比例代表制の当選者の決め方なども有効な話題です。

少し難しい話題でも，時期が適当であれば，生徒は興味をもって取り組みますし，期待以上の成長が見られる場合があります。

❺ 意思疎通を妨げる用語

「基本問題」というと，おおよそ「点数の取りやすい問題」という意味合いで生徒と教師の間で共通認識されています。しかし，先に述べたとおり，「基礎・基本」という言葉には少し違う意味合いも含まれており，そもそもこの言葉自体が教育の専門用語的です。

生徒や保護者と話をするとき，意思疎通がうまくいかない原因の１つがこの用語の問題です。**教師は普段から何気なく使っている言葉も，生徒や保護者の立場で正しく理解できるか検証してみることがときには必要**です。

❻ テストの振り返りの落とし穴

① 実体のない振り返り

振り返りシートを配って，書かせて，回収するという機械的な手続きだけ

踏んで，何も指導されていない学級では，逆効果が心配されます。そういう状況では，シートの反省欄に「計算ミス」「勉強不足」といった言葉が並び，次の目標欄には「70点以上」「がんばる」といった漠然とした表現のことしか書かれません。**70点という点数は一見具体的に見えますが，どのような勉強をすれば70点に近づけるのかという方法が示されていなければ実体がないのと同じ**です。がんばる，というのは便利な言葉ですが，これも実体がありません。

　こういった状況を放置して，

　「前向きな言葉を並べて，とりあえず提出しておけば，先生に怒られることはない」

などと生徒が考えるようになれば，何もしない方がむしろマシ，とさえ言えます。

② 具体的過ぎる反省

　例えば，「身近なものの中で，放物線が使われている例を書きなさい」という問いに答えられなかった生徒がいます。この生徒は「放物線が使われている例を授業で聞き漏らした」と反省に書き，次回に向けて「放物線の例を調べておく」と決めました。

　一見すると，具体的で意味のある振り返りのようにも思えます。しかし，**振り返りが具体的過ぎて転移可能な状態に一般化されておらず，次のテスト勉強に生かすことができるものになっていない**ことを見逃してはいけません。こういった生徒には，

　「新しいグラフを勉強したら，その活用の仕方を調べておこう」

とある程度一般化した状態で認識できるように教師がアドバイスすることが重要です。生徒によっては，「聞き漏らした」という事実にフォーカスし，

　「先生が例を口で言ったときに，ノートにメモしておこう」

といった教訓を導いてあげることが必要な場合もあります。

Chapter 5
ちょっと待った！
授業の"当たり前"に潜む落とし穴

5 言語活動の充実

　現行学習指導要領の重点の１つとも言える「言語活動の充実」ですが，各教科では様々な取り組みがなされおり，数学科においても数々の実践報告が積み上げられてきました。すばらしい取り組みがある一方，心配な取り組みも少なからず存在します。

❶ 説明の型をつくる

　数の性質や図形の証明は，ある意味で言語活動の王道のような存在です。また，言語活動の充実が言われるようになってからは，他の単元でも，説明する活動が増え，各種のテストにも思考過程を残すような問題が必ずと言ってよいほど出題されます。これまであまりなかったような出題パターンに，教師は新しい指導法の研究に取り組んでいます。
　その中に，**説明の型をつくって発表させる**というものがあります。
　「私は…だと考えます。理由は３つあります。まず，…だからです。次に…だからです。最後に…だからです」
　「私は〇〇さんに賛成です。理由は，…だからです」
といった発言のためのひな型が教室に掲示されている学校もあります。この取り組みは，特に小学校段階では一定の効果を上げているようです。
　小学校段階に限らず，多様な特性をもつ生徒が存在する中学校においても，学級の実態に応じてこのような型をつくって練習すると，安心して発言することができ，授業の流れもスムーズになります。こういった取り組みは，教科領域の枠を越えて行うことで，論理的な思考と表現を身につけるために役に立っているはずです。

❷ 数学の学習における型

　数学の学習では，この手法が学習内容にそのまま組み込まれている部分もあります。

　三角形の合同の証明を行う授業の数時間を思い描いてください。教科書の例題における証明は，下のようなパターンで記述されることがあります。

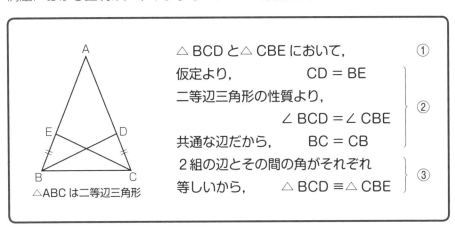

　これを，①～③に沿って型をつくってみると，おおよそ以下のようになります。

①比べる三角形を宣言し，
②等しい角や辺を理由とともに書き並べ，
③合同条件と結論を書く

　この型で何題か練習しながら，証明を書くマナーを教えていきます。はじめから全部証明を書かせることは難しいので，重要な部分を穴埋めにしたり，選択肢を用意したりと難易度を下げ，型を覚えることから始めます。そして，慣れてきたところで全部書かせる，という指導展開にしているはずです。

これは，**スモールステップの型で学習しながら，証明の構造を理解させていくという方法**です。この方法は伝統的に使われているもので，今さらユニバーサルデザインなどと言うまでもなく，自然に取り入れられています。

❸ 言語活動は目的ではない

各教科の指導では，基礎的・基本的な知識・技能を習得する学習活動を行いながら，生徒の思考力・判断力・表現力を育てることが目的であり，言語活動はあくまでその手段です。

ところが，「言語活動の充実」という言葉が一人歩きしてしまい，無意味にグループでの話し合い活動を取り入れたり，どこからか引用してきただけの作文を書かせるような活動を取り入れたりするようなことになると，**言語活動そのものが目的となり，本来の目的は二の次になってしまう**ということに注意が必要です。

❹ 数学を通して社会的スキルを磨く

証明は生徒にとって取り組みにくい学習内容で，証明を嫌う生徒が多いというのが多くの中学校の実態でしょう。しかし，**証明を数学の学習という限られた場面に矮小化せず，説明のための社会的スキルを身につける大切な学習ととらえられるようにしたい**ものです。

先ほどの例で言うと，①段階では比べる三角形を宣言しています。これは，今から説明しようとしていることについて，相手に何を説明するかの見通しをもたせるという重要な役割をもっています。この１行があることによって，証明の読み手は後の説明が読みやすくなります。この後，②段階で要点を端的に説明し，③段階では自らの結論を主張しています。

この型が，社会に出た後，例えば会議におけるプレゼンなどにおいてそのまま使えるものであることなど，学習の大きな目的に触れる話をすることも，

数学教師の重要な仕事の１つと言えます。

❺ 授業のユニバーサルデザイン化≠型づくり

　授業のユニバーサルデザイン化を，型をつくることのように考えてしまうと，**生徒たちを創造性のない学びに落とし込んでしまう**おそれがあります。言語活動も同様ですが，こうしたことはすべて手段として意味があるのであって，目的ではないということに留意する必要があります。

　このことは，本書の中でもいくつもの場面で触れてきました。生徒の力を引き出すためのしかけづくりがユニバーサルデザインです。生徒は一人ひとり違った力をもっているので，その力を上手に引き出していきたいものです。

【著者紹介】
下村　治（しもむら　おさむ）
1970年千葉県生まれ。東京理科大学理学部数学科卒業。私立中高教諭，進学塾専任講師を経て，横浜市の公立中学校で通級指導教室を担当。その後，横浜国立大学教育人間科学部臨時教員養成課程特別支援教育コーディネーターコースを修了し，現在も通級指導教室で指導にあたる。支援センター機能を担当し，特別支援教育の視点を生かした授業づくりについて，地域の小中学校や他市からの講演依頼にも応じている。日本数学教育学会『数学教育』編集部常任幹事。

中学校数学サポートBOOKS
どの生徒にもやさしい
数学授業のユニバーサルデザイン

2015年8月初版第1刷刊	ⓒ著　者　下　村　　　治
2017年6月初版第4刷刊	発行者　藤　原　久　雄
	発行所　明治図書出版株式会社
	http://www.meijitosho.co.jp
	（企画）矢口郁雄（校正）大内奈々子
	〒114-0023　東京都北区滝野川7-46-1
	振替00160-5-151318　電話03(5907)6701
	ご注文窓口　電話03(5907)6668
＊検印省略	組版所　株式会社明昌堂

本書の無断コピーは，著作権・出版権にふれます。ご注意ください。

Printed in Japan　　　ISBN978-4-18-184514-8
もれなくクーポンがもらえる！読者アンケートはこちらから →

A5判／128ページ
本体各 1,860円+税
図書番号：1131〜1133

 携帯・スマートフォンからは **明治図書 ONLINE へ** 書籍の検索、注文ができます。 ▶▶▶

http://www.meijitosho.co.jp　＊併記4桁の図書番号（英数字）でHP、携帯での検索・注文が簡単に行えます。

〒114-0023　東京都北区滝野川7-46-1　ご注文窓口　TEL 03-5907-6668　FAX 050-3156-2790

＊価格は全て本体価表示です。